무량의경 無量義經

무량의경無量義經

초판 1쇄 발행 2017년 12월 7일
초판 2쇄 발행 2020년 7월 20일

지은이 | 천명일
펴낸이 | 이의성

펴낸곳 | 지혜의나무
등록번호 | 제1-2492호
주소 | 서울시 종로구 관훈동 198-16 남도빌딩 3층
전화 | (02)730-2211 팩스 | (02)730-2210

ⓒ천명일

ISBN 979-11-85062-26-6 03220

* 잘못된 책은 바꾸어 드립니다.

무량의경 無量義經

천명일 해설

지혜의나무

목차

무량의경으로 가는 지혜

1. 무량의경으로 가는 지혜

히말라야 산맥은 가히 지구촌의 지붕으로 불릴 만큼 제일 높습니다.

이렇게 높은 산을 오르자면 등산에 꼭 필요한 여러 장비를 반드시 갖춰야만 합니다.

마찬가지로 깨달음의 최고봉인 『무량의경無量義經』과 『묘법연화경妙法蓮華經』으로 들어가자면 상당한 지혜의 정보가 꼭 필요합니다. 지혜는 진리를 보는 깨달음의 눈을 말합니다.

그 중요한 정보용 지혜에 대해 귀띔해 드리고자 합니다. 그 중요한 지혜는 물론 부처님을 신뢰하는 소중한 지식입니다만, 특히 『무량의경』과 『묘법연화경』으로 들어가는 징검다리입니다. 아무쪼록 잘 읽어두시길 바랍니다. 무엇보다 소중한 상식부터 말씀을 드리겠습니다.

저 무변허공계에 떠도는 천체를 보려면 천체 망원경이 있어야 하고 바이러스나 세균 같은 미생물을 보려면 전자 현미경이 꼭 필요합니다.

이와 마찬가지로 저 부처님의 말씀인 경전을 보려면 다섯 개의 눈(五眼)을 꼭 가지고 있어야만 합니다. 그러면 그 오안五眼이란 무엇인가?

첫째로 육안肉眼입니다.

육안은 지금 우리들의 눈을 말합니다. 육안은 태양의 빛을 의지해서 보는 눈입니다. 그러므로 빛이 없으면 맹인과 똑같아집니다. 그런데 육안으로 일반 사

물은 볼 수 있다 하더라도 극미의 물질이나 극대의
진공은 보지를 못합니다.

두 번째는 천안天眼입니다.
각성의 여명으로 보는 눈입니다.
천안은 삼백억 개의 은하계를 조그마한 과일처럼
본다고 합니다. 그래서 천안의 안광은 태양빛의 백
억 배나 더 밝습니다. 인간의 육안으로는 상상을 못
합니다.
각성覺性의 여명으로 조금 보는 연각이나 아라한들
의 눈입니다. 이를 천안이라 합니다.
저 천안이 열리면 부처님 주위에 가득한 보살 대
중과 무량한 천왕과 천룡팔부들을 다 볼 수가 있습니
다. 비록 천안은 없다 하더라도 만약 세존을 친견하
게 되면 마치 태양빛 속에서는 온 세상 만물을 환히
다 보듯이 부처님의 주위에 가득한 불가사의 대중을
다 보게 됩니다.

왜냐하면 묘각여래의 서광 속에서는 있고 없음까지도 그 무엇 하나도 숨을 수가 없기 때문입니다.

그래서 우리는 꿈속에서라도 반드시 부처님을 친견해 보아야 합니다.

세 번째로는 혜안慧眼입니다.

혜안은 삼명(三明)을 말합니다. 삼명은 천안통과 숙명통과 누진통을 말합니다.

혜안은 비유하면, 많은 사람들이 한방에서 같이 잠을 자고 있었습니다. 그 중 한 사람이 문득 깊은 잠에서 깨어났습니다.

이때 잠을 깬 사람은 세 가지를 분명히 압니다.

하나는 자신이 잠을 깬 줄을 아는 것처럼 누진통을 얻어서 생사윤회에서 벗어났음을 압니다.

다음으로는 다른 친구들이 지금 모두 자고 있음을 보듯이 숙명통이 열려서 자신의 전생을 환히 다 봅니다.

세 번째로는 지금 이 시간이 밤인지 낮인지 알듯이 천안통이 열려서 시방세계를 조그마한 앵두같이 다 봅니다.

그런데 불행하게도 잠을 자고 있는 사람은 저 세 가지를 전연 모릅니다.

첫째로 지금 이 시간이 밤인지 낮인지를 모르므로 천안통이 없고,

두 번째로는 지금 자신이 자고 있음을 전연 모르는 것처럼 전생을 전연 모르므로 숙명통이 없고,

세 번째로는 이미 잠을 깬 사람을 전연 알아보지 못하므로 깨달음을 얻지 못해서 생사를 벗어난 누진통이 없습니다.

이 모양으로 중생들은 저 세 가지가 무엇인 줄도 모릅니다. 바로 이 세 가지의 비유가 곧 해공제일解空 第一 수보리님의 미소입니다.

그런데 도통을 누구에게 특별히 검증을 받아야만 도인이 된다는 웃지 못할 얘기가 지금도 떠돌고 있습

니다. 그렇다면 마치 잠을 깬 사람이 세상을 누비고 다니면서 "지금 내가 자고 있소, 깨어 있소?" 하면서 묻고 다니는 꼴이 아닐까요?

네 번째로는 법안法眼입니다.

법안은 등각보살님들의 눈입니다.

묘각의 빛 각성의 눈입니다. 그러므로 무량 제불과 무량한 제불의 세계를 환히 다 봅니다.

이때 비로소 『묘법연화경』의 불가설 불가사의 세계를 조금 보고 알 수가 있습니다. 하지만 법안으로는 자신의 눈을 스스로 돌이켜 보지 못하듯이 자신의 곁에 앉아 계시는 부처님을 절대로 보지 못합니다.

다섯째로 불안佛眼입니다.

불안은 묘각의 눈입니다.

불안은 자기 자신이 보고 있는 눈을 환히 다 보는 눈입니다.

일체를 구경究竟의 끝까지 두루 다 깨닫고 다 보는 눈입니다. 그러므로 제자들에게 수기를 주시는 눈입니다. 각설하겠습니다.

저 같은 맹인이 무슨 말로 똑같은 맹인에게 태양이 어떻다고 설명을 하겠습니까?

불교집안에는 일반 신행자들이 기도나 법회에서 항상 수지 독송하는 『천수경千手經』이 있습니다.

그 『천수경』의 서두에 보면 '정구업진언淨口業眞言'이 있습니다.

진언이란 묘각여래의 비밀한 말씀을 말합니다. 정구업진언의 참뜻은 입으로 청정법신의 무량한 공덕과 지혜와 신통을 다 지어서 성불한다는 묘각여래의 비밀한 약속의 언어입니다.

그 진언은 '수리 수리 마하수리 수수리 사바하'입니다. 그러므로 불자라면 입으로는 경전을 읽고, 마음속으로는 외우고, 손으로는 쓰고, 생각하는 뜻으로는 해설을 꼭 해야만 합니다. 그 심심미묘한 경전이 있습니다. 그 경전은 『무량의경』과 『묘법연화경』입니다. 이 두 경전을 열고 들어가는 칭양 찬탄의 게송偈頌이 있습니다.

그 찬양의 게송은 경전을 열고 들어가는 시詩라 해서 개경게開經偈라 합니다.

개경게開經偈

무상심심 미묘법 無上甚深 微妙法
백천만겁 난조우 百千萬劫 難遭遇
아금문견 득수지 我今聞見 得受持
원해여래 진실의 願解如來 眞實義

"더 이상 없이 깊고 깊은 미묘한 법은 백천만겁에 만나 얻어 듣고 보기 어려워라. 나는 지금 심심한 미묘법을 얻어 듣고 보고 읽고 외고 쓰고 해설을 하노니 원컨대 여래시여, 『무량의경』과 『묘법연화경』의 진실한 뜻을 알게 하소서."라고 하는 예찬의 발원문입니다.

이렇게 해석을 하는 것은 세존의 무량한 지혜를 내 몸 밖에서 구하는 세간법世間法의 해설입니다.

다시 바깥세상의 상식을 떠나서 자기 내면의 각성을 돌이켜 보는 출세간법으로 해설을 하면 다음과 같습니다.

"더 이상 없는 심심한 미묘법은 백천만겁이라고 하는 시간 속에서는 만날 수 없네. 지금 나의 내면의 소리를 듣고 보고 생각하노니 묘각여래의 진실한 뜻 이제 알겠나이다."

심심미묘법甚深微妙法

여기서 잠깐 심심미묘법甚深微妙法이라고 하는 말

씀의 뜻을 잘 생각해 보아야 합니다. 왜냐하면 심히 깊고 깊은 곳에 미묘한 묘법이 있다고 하는 심심미묘법甚深微妙法의 뜻을 잘 이해하지 못하면 부처님 말씀의 뜻을 깨닫기란 매우 어렵기 때문입니다.

깊은 바다에 숨어 있는 보물찾기나 깊은 산중에 감추어진 보석을 찾는 공통점은 둘 다 깊고 깊은 곳에 있다는 점입니다.

이와 마찬가지로 깨달음을 찾는 수행이나 부처님의 말씀의 뜻을 찾아 들어가는 지적 행위도 심심한 곳을 뒤지고 뚫고 들어가야 합니다.

그렇게 심심한 곳을 뒤지는 지적 행위로 부처님 말씀인 경전의 뜻과 나의 내면에 깨어 있는 밝은 각성을 찾아야 합니다. 그렇게 하자면 반드시 저 보물찾기와 똑같은 지적 의식행위가 절대적입니다.

그렇다면 우선적으로 우리가 평소에 쓰고 있는 마음이 얼마나 깊은 곳에 있는가를 비유로 더듬어 보겠습니다. 물질의 극미 단위를 십조 분의 1mm라고 합니다. 여기 이 입자粒子분의 -18승까지 들어가면 우리가 쓰고 있는 마음의 자리가 됩니다.

이 마음의 자리인 심자心子분의 -21승에는 묘각인 여래의 대열반장이 있습니다.

아, 보라. 얼마나 심심미묘한가를. 이렇게 심심미묘한 여래장까지 찾아서 들어가자면 그 얼마나 깊고 깊은 지적 행위가 필요한지를 생각만 해 보아도 숨이 막힙니다.

어찌하랴, 우리는 기필코 찾고 찾아서 가고 또 들어가 보아야 합니다. 그러기 위해서는 먼저 부처님의 말씀 속으로 들어가 보아야 합니다.

왜냐하면 석가세존은 구경열반의 여래장까지 실제로 들어가 보시고 나서 우리들에게 저 여래장으로 들어가는 길을 상세히 안내하고 계시기 때문입니다. 곧 저 팔만대장경의 뜻이 우리를 저 여래장으로 바르게 인도해 주는 인로왕보살引路王菩薩입니다.

다음으로는 경전의 말씀은 모두가 부처님 안에 실

재한 깨달음의 세계입니다. 그러므로 우리는 세존의 묘각의 세계를 내 안에 그대로 장엄해야만 하는 중차대한 소명이 있습니다. 그 중대한 소명을 달성하기 위해서는 지적 행위를 하는 지혜가 무엇보다도 소중합니다.

그러므로 그 소중한 지혜는 나를 돌이켜 보는 반조회관反照廻觀의 지적 행위입니다. 그 지적 행위를 반야般若라 합니다. 반야의 지혜가 엄청나야 합니다. 엄청난 반조회관의 지혜로 저 『무량의경』과 『묘법연화경』을 우리는 안팎으로 찾고 찾아서 세존과 다름없는 불국토를 그대로 내 안에 다 장엄해야만 합니다.

그 장엄의 대도는 『무량의경』과 『묘법연화경』을 읽고 외우고 쓰고 해설을 하는 수행입니다. 수행의 대도가 바로 지적 행위인 반야의 지혜입니다. 그 반야 지혜로 무량의로 가득한 『무량의경』과 『묘법연화경』 속으로 가고 또 가야만 합니다.

『무량의경』과 『묘법연화경』이 얼마나 깊고 깊어서

너무나 심심미묘한 진리이기에 세존께서 삼세제불의 스승이신 문수사리보살과 지혜제일 사리불 존자를 앞세워 놓고 설법을 하셨겠습니까?

무상심심 미묘법無上甚深 微妙法
백천만겁 난조우百千萬劫 難遭遇
아금문견 득수지我今聞見 得受持
원해여래 진실의願解如來 眞實義

지금 다시 내 안의 각성을 돌이켜 보는 깨달음으로 해석을 하면 곧 내가 나를 아는 오도송悟道頌이 됩니다. 지금 이 개경게에서 말씀한 심심한 미묘법은 밖으로는 세존이 설하신 『무량의경』과 『묘법연화경』입니다. 그러나 우리 안에서의 지혜로 보면 심심한 미묘법은 나 자신의 묘각을 깨닫는 각성입니다.

이렇게 안과 밖으로 깨쳐서 들어가는 지혜가 하나로 통일장을 이루었을 때 비로소 무량의로 충만한 여래장이 됩니다. 왜냐하면 밖에 있는 경전의 뜻과 내 안에 깨어 있는 묘각의 각성의 지혜가 서로 하나로 일치가 되기 때문입니다.

이렇게 안과 밖을 동시에 관조해 보는 수행은 누구나 꼭 해야만 합니다.

그러므로 『무량의경』이나 『묘법연화경』은 밖으로는 읽고 외우고 쓰고 해설을 하지만 내적으로는 반드시 스스로 깨어 있는 본 묘각의 각성을 지금 당장 여기서 돌이켜 보아야 합니다. 그렇게 하지 않고서는 밖으로 백천만겁이라고 하는 긴 세월 속에서는 절대로 깨달음을 얻을 수가 없습니다.

그러므로 지금 당장 밖으로는 『무량의경』과 『묘법연화경』을 수지 독송해야 하고, 안으로는 내 자신의 내면에 항상 환히 깨어 있는 묘각의 각성을 단박에 돌이켜 보아야 합니다. 단박에 깨닫는 돈오頓悟가 되도록 은밀히 자신의 내면을 주시해야만 합니다.

이렇게 반조회관을 하다 보면 제 스스로 항상 깨어

있는 묘각의 각성을 발견하게 됩니다.

지금 단박에 말입니다. 지금 자기를 단박에 깨닫는 돈오頓悟가 되어야 합니다. 이와 같이 묘각여래의 말씀인 경문의 무량의와 내 안의 묘각인 각성의 무량의가 서로 합일이 되는 반조회관의 지혜가 없다면 실로 백천만겁 난조우가 됩니다. 백천만겁을 수행해도 묘각여래의 무량의는 친견이 안 됩니다.

그렇다고 해서 무량한 세간 복까지도 못 받는다는 얘기는 아닙니다. 그러므로 늘 반조회관을 하는 반야의 지혜로 세존이 말씀한 『무량의경』과 『묘법연화경』을 한없는 세월 동안 읽고 외우고 쓰고 해설해야 합니다.

이렇게 수행하다 보면 그 어느 날 삼세여래의 본 묘각과 지금 나의 본 묘각이 하나로 통일장을 이루는 그날, 세존으로부터 수기를 받고 성불을 하는 것입니다. 이렇게 밖으로 점차로 수행을 해서 이루어지는 점수漸修의 종점은 곧 성불成佛입니다.

우리가 점수를 잘 하기 위해서는 우선적으로 잘 알고 있어야 할 한문 글자 두 개가 있습니다. 그 두 개의 글자는 '뜻 의意 자'와 '옳을 의義 자'입니다.

이 두 글자의 참 뜻을 잘 모르면 『무량의경無量義經』의 깊은 의미를 이해하기란 쉽지 않습니다.

그래서 누구나 평소에 많이 쓰고 있는 의意 자와 의義 자에 관한 필자의 소견부터 정리를 좀 해 보겠습니다.

만법의 뜻을 표현할 때는 한글로는 '뜻'이란 글자 하나밖에 없습니다. 그러나 한문으로는 두 개의 글자가 있습니다. 그 두 개의 글자 중에서 어느 글자를 선택해야만 바른 표현의 글자가 되느냐 하는 문제는 있습니다.

지금 여기 의意 자와 의義 자는 뜻이 서로 다른 분명한 차원이 있습니다. 의意 자는 물리나 성리를 의미할 때 쓰고 의義 자는 깨닫고 아는 각성覺性의 철리를 뜻할 때 씁니다. 간단히 말하면 의意 자는 중생심의 결의를 표현할 때 쓰고, 의義 자는 일체 만법의 궁극의 진리 무량의無量義를 뜻할 때 씁니다. 그렇다면 저 모든 궁극의 진리 무량의는 곧 만법의 실상實相입니다.

만법의 실상이 무량의라면 실상은 곧 무량의가 됩니다. 그러므로 실상을 제대로 알면 무량의가 무엇인가를 알게 됩니다.

그렇다면 의意 자와 의義 자의 변명은 잠시 뒤로 미루겠습니다. 우선 지금 이 자리에서 무량의인 실상實相의 진면목이 무엇인가를 세존의 말씀으로 명백하게 정리해 두겠습니다.

2. 실상實相의 법문法門

세존께서 열반하시기 전에 하룻낮 하룻밤 동안 설하신 『대반열반경大般涅槃經』이 있습니다.

그 『대반열반경』 제 36권에 보면 실상實相에 관한 자세한 기록이 있습니다. 『대반열반경』은 세존께서 49년 동안 설법하신 많은 말씀들 중에서도 가장 중요한 요의了義들을 총체적으로 잘 갈무리한 경입니다.

그 『대반열반경』 제 36권에서 보면 세존께서는 수행의 점차에 대하여 말씀하셨습니다. 곧 숲과 나무를 비유하시면서 숲은 마음이고 나무는 몸이 되므로 숲과 같은 마음을 먼저 조복 받아야 한다고 정의하셨습니다.

　이때 수발타가
　"세존이시여, 저는 먼저 마음을 조복하였나이다."
　라고 말을 했습니다.
　세존께서 말씀하셨습니다.
　"선남자야, 그대는 어떻게 마음을 먼저 조복하였는가?"
　"세존이시여, 제가 먼저 생각하기를 육감으로 느끼는 욕계欲界는 무상해서 낙이 없고 깨끗하지 아니하옵고, 의식의 색계色界가 항상하고 즐겁고 깨끗한 줄로 관찰을 했습니다.
　이렇게 관찰하여 마치니 욕계의 결박이 끊어지고 색처色處를 얻었으므로 먼저 마음을 조복하였다 생각을 했습니다.

다음에 또 색계를 관찰하니 색계도 무상하여 등창과 같고, 창질과 같고, 독약과 같고, 화살과 같았습니다. 그리고 저 무의식한 무색계無色界가 항상하고 청정하면서 고요하였습니다.

이렇게 관찰하여 마치니 색계의 결박이 다 없어지고 무의식한 무색계를 얻었으므로 먼저 마음을 조복하였다고 이름합니다.

다음에 또 생각인 상想을 관찰하니 곧 무상하고 등창 같고, 창질 같고, 독약 같고, 화살 같았습니다. 이렇게 관찰을 하고는 비상비비상처非想非非想處를 얻었나이다.

이 비상비비상처는 곧 일체지이며 고요하고 청정하여 타락함이 없고 항상하여 변역하지를 아니 합니다. 그러므로 제가 능히 마음을 조복하였나이다.”

세존께서 수발타가 스스로 생각한 말을 들으시고는 그의 옳지 못한 수행관을 바로잡아 주시면서 천금

같은 실상관實相觀을 말씀하셨습니다.

"선남자야, 그대가 어찌 마음을 완전히 조복하였다고 말을 하는가? 그대가 말하는 생각도 아니고 생각이 아닌 것도 아닌 고요한 곳(非想非非想靜處)도 오히려 생각이라고 이름 하는 것이다.

열반涅槃을 얻어야만 생각이 없는 것이다.

사념이 없는 열반을 그대가 어떻게 생각을 가지고 얻었다고 말하는가?

선남자야, 그대가 먼저 거친 사념을 꾸짖더니 이제는 어찌하여 미세한 사념에 얽매이는가? 저 생각도 아니요 생각이 아닌 것도 아닌 곳도 오히려 버려야 할 것임을 알지도 못하면서 어찌 분별하는 생각을 이름 하여 등창과 같고 창질과 같고 화살과 같다고 말을 하는가?

선남자야, 그대의 스승인 울두람불은 영리하고 총명하다 하지마는 그도 저 생각도 아니요 생각이 아닌 것도 아닌 고요한 곳, 비상비비상정처를 끊지 못하고 지금 나쁜 몸을 받았다. 그도 그런 형편인데 항차 다른 사람을 말해 무엇하겠느냐?"

수발타가 자신이 매우 무지하였음을 깨닫고 다시 부처님께 바른 깨달음의 길을 여쭈었습니다.
"세존이시여, 그러면 어찌하면 생멸하는 모든 유有를 충분히 끊겠나이까?"

"선남자야, 만일 실상實相을 관찰하는 사람은 능히 모든 유를 끊게 되느니라."

수발타가 다시 물었습니다.
"세존이시여, 어떤 것을 실상實相이라 이름 하나이까?"

"선남자야, 모양이 없는 모양, 무상지상無相之相을 실상實相이라 하느니라."

"세존이시여, 어떤 것을 이름 하여 모양이 없는 모양이라 하나이까?"

"선남자야, 일체 온갖 법은 모두 제 모양도 없고 남의 모양도 없고 나와 남의 모양도 없고, 까닭이 되는 모양도 없고 근본이 없는 모양도 없고, 짓는 이의 모양도 없고 받는 이의 모양도 없고, 법(眞理)의 모양도 없고 법 아닌 모양도 없으며, 남녀의 모양도 없고 장정의 모양도 없으며, 티끌 모양도 없고 시절의 모양도 없고 저를 위하는 모양도 없고 남을 위하는 모양도 없으며, 저와 남을 위하는 모양도 없으며, 있는 모양도 없고 없는 모양도 없으며, 나는 모양도 없고 내는 것의 모양도 없으며, 원인인 인(因)의 모양도 없고 결과로 생기는 과(果)의 모양도 없으며, 낮과 밤의 모양도 없고 어둡고 밝은 모양도 없으며, 모든 모양도 없다.

보는 이 모양도 없고 듣는 모양도 없으며, 깨닫는
모양도 없고 깨닫는 이 모양도 없으며, 보리의 모양
도 없고 보리를 얻은 이의 모양도 없으며, 업業의 모
양도 없고 업을 짓는 이의 모양도 없으며, 번뇌의 모
양도 없고 번뇌를 피우는 이의 모양도 없나니라.

선남자여, 이런 모양들이 다 멸한 곳을 진실한 모
양이란 뜻에서 실상實相이라고 이름 하느니라.

선남자야, 온갖 법이 모두 헛된 거짓이다.

저 모든 허망된 거짓들이 다 없어진 데를 참 진실眞
實이라 하느니라. 이것을 일러 실상實相이라 하고 이
를 법계法界라 하고 이를 필경지畢竟智라 하고, 이를
제일의제第一義諦라 하고, 이를 제일의공第一義空이라
이름 하느니라.

선남자여, 이 실상·법계·필경지·제일의제·제일의
공을 하품下品의 지혜로 관찰하므로 성문聲聞보리를
얻고, 중품中品 지혜로 관찰하므로 연각緣覺보리를 얻
고, 상품上品 지혜로 관찰하므로 무상보리無上菩提를

얻느니라."

　세존께서 이 법을 연설할 때에 십천 보살이 일 생
에 실상實相을 얻고, 일만 오천 보살이 두 생에 법계
를 얻고, 이만 오천 보살이 필경지畢竟智를 얻고, 삼만
오천 보살이 제일의제第一義諦를 깨달으니 이 제일의
제를 제일의공第一義空이라고도 하고, 이를 수능엄삼
매首楞嚴三昧라고도 하느니라. 사만 오천 보살이 허공
삼매虛空三昧를 얻었으니 이 허공삼매를 광대삼매廣
大三昧라고도 하고, 지인삼매智印三昧라고도 하느니라.
또 오만 오천 보살이 물러남이 없는 불퇴인不退忍을
얻었으니 이 불퇴인을 여법인如法忍이라고도 하고, 여
법계如法界라고도 하느니라. 또 육만 오천 보살이 다
라니를 얻었으니 이 다라니를 대념심大念心이라고도
하고, 걸림없는 지혜(無碍智)라고도 하느니라.
　또 칠만 오천 보살이 사자후삼매獅子吼三昧를 얻었
으니 이 사자후삼매를 금강삼매金剛三昧라고도 하고,

오지인삼매五智印三昧라고도 하느니라. 또 팔만 오천 보살이 평등삼매平等三昧를 얻었으니 이 평등삼매를 대자대비大慈大悲라고 하느니라.

한량없는 항하사 중생들이 아뇩다라삼먁삼보리의 마음을 내었고 연각의 마음을 내었으며, 한량없는 항하사 중생들이 성문의 마음을 내고, 세간의 여인과 천상의 여인 이만억 사람이 현재에 받고 있는 여인의 몸을 홀연히 변화하여 남자의 몸을 얻었다.

그리고 실상관 법문을 청한 수발타는 아라한과를 얻었다.

필자는 위에서 부처님께서 밝히신 실상實相의 깊고도 심심 미묘한 깊은 뜻을 세상의 수학물리로 이해를 많이 도왔습니다.

무슨 얘기냐 하면 물질의 극미의 단위를 입자粒子라 합니다. 이 입자는 십조 분의 1mm라고 합니다. 그

입자 분의 -18승에는 지금 우리가 쓰고 있는 본심이
란 마음이 있습니다.

그리고 이 마음 분의 -21승에는 청정묘각淸淨妙覺의
여래장如來藏이 있습니다. 이렇게 아무것도 없는 무극
의 자리가 실상이 되므로 또한 일체 만법이 다 아무
것도 없는 곳으로부터 일체의 무량의가 들쭉날쭉합
니다. 실상實相은 본래로 아무것도 없으므로 유와 무
가 마음대로 출입을 합니다.

다시 아무것도 없는 실상의 신비를 맑은 물의 비유
로 이해를 도우면 다음과 같습니다.

맑고 깨끗한 물은 육감이 없습니다. 무엇이 육감인
가? 색色·성聲·향香·미味·촉觸·법法(앎)을 육감이라 합
니다.

실로 물에는 이 육감이 없으므로

첫째는 색깔이 없고

둘째는 음파가 없고

셋째는 향기가 없고

넷째는 맛이 없고

다섯째는 촉감이 없고

여섯째는 앎이 없습니다.

이렇게 육감이 없으므로 온갖 육감을 냅니다.

온갖 색깔을 내고, 온갖 파장을 내고 온갖 향기를 내고 온갖 맛을 내고 온갖 촉감을 내고 온갖 앎을 냅니다.

이렇게 아무것도 없는 곳으로부터 일체의 현상이 다 일어나므로 실상實相이라 이름을 한다는 생각이 필자의 실상관實相觀입니다.

바로 이 이치가 아무것도 없는 무상지상無相之相의 불가사의한 신비입니다. 제불 여래의 무여열반이 바로 무상지상無相之相인 실상實相입니다.

3. 의意와 의義

실상實相이란 두 글자의 심심미묘한 무량의는 세존의 말씀을 통하여 이제 잘 정리가 되었을 것입니다.

법화행자는 어떤 경우에라도 세존이 말씀한 법이 아니면 올바른 법으로 받아들이면 안 됩니다. 왜냐하면 지금까지 지구촌에는 많은 성자가 왔다 갔습니다. 하지만 그들은 다 자신의 말들을 경經이라고 이름 하지를 못하게 했습니다.

그러므로 천주교에서는 성서聖書라 했고 공자님의

경우에는 논어論語라 했습니다. 그리고 예수님의 경우는 수훈垂訓이라 했습니다. 그 까닭은 공자님이나 다수의 성자님들은 모두 탄생학이 없기 때문입니다.

일반 성자들은 모두 태胎·난卵·습濕·화化 사생四生 중에서 태胎로 태어난 태생학이 있을 뿐입니다. 그러므로 일반 성자는 다 일반 중생들의 전통 태생과 태생학이 동일합니다.

하지만 석가세존만은 탄생학誕生學입니다. 탄생학이므로 범부중생과는 판이하게 생태학이 다릅니다. 어떻게 다른가를 구체적으로 설명하겠습니다. 무엇이 탄생학인가를 말입니다.

탄생학이 되자면 반드시 네 가지의 덕목을 갖추어야 합니다. 무엇이 네 가지의 덕목인가?

첫 번째로 반드시 왕자로 태어나야 하고, 태어날 때에는 반드시 어머니의 오른쪽 옆구리로 탄생해야 합니다. 탄생 즉시에 곧 똑바로 서야 합니다.

두 번째의 이적과 기적은 동서남북 사방과 네 간방

과 상·하 방으로 각각 칠 보씩 걸어야 합니다.

세 번째 이렇게 시방으로 칠 보를 다 걸으시면서 각 방위마다 불가사의한 메시지 16게구를 반드시 외워야 합니다. 그러고 나서 다시 중방으로 돌아옵니다. 돌아와서는 왼손가락으로는 천상을 가리키고 오른손가락으로는 하방을 가리키면서 또 16게구를 별도로 또 외워야 합니다. 그 게문은

천상천하 유아독존 삼계개고 아당안지
天上天下 唯我獨尊 三界皆苦 我當安之

라고 해야 합니다.

네 번째로는 일반 중생의 태생학이 있어야 합니다. 일반 유아들처럼 성장을 해야 합니다.

아! 보라. 저 네 가지의 덕목이 있으므로 묘각을 성취하신 제불 여래는 탄생학이 있습니다. 그러므로 고금의 성자들은 자기 자신이 탄생학인가, 태로 태어난 태생학인가를 잘 알고 계십니다. 그러므로 옳게 분수

를 아는 성인들이십니다.

그래서 만약 자신이 탄생학이 아닌 태생학이면 절대로 자신의 말이나 글을 경經이라 일컫지 못하게 하셨습니다. 그 대표적인 성자가 바로 공자님과 예수님입니다. 두 성자의 경우를 보면 공자님은 논어論語라 했고 예수님은 수훈垂訓이라 했습니다.

그러면 지금부터 본론으로 들어가 보겠습니다.

일단 한문漢文으로 된 의意 자와 의義 자 이 두 글자의 뜻을 제대로 알아봅시다.

온 인류가 쓰고 있는 언어와 문자 속에는 다 의미를 생각하는 의意가 별도로 있습니다. 또 그 의미(意)를 깨닫고 아는 각성覺性을 다룬 경전의 뜻은 옳을 의義 자로서 표기를 달리했습니다.

오늘날 다수의 상식으로는 의意 자와 의義 자는 같은 의미의 글자로 알고 있습니다. 저 의義 자가 사념의 숲을 벗기고 올라가서 깨달음인 각성覺性의 무량의를 뜻하고 있는 의義 자인 줄을 잘 모릅니다.

그래서 회의문자會意文字로 된 의意 자와 의義 자 이 두 글자에 입력되어 있는 본래의 뜻을 파자로 풀어서 각별한 의미를 밝혀 보겠습니다.

의意 자를 파자로 풀면 '立+曰+心'이 됩니다.

'立曰心'이 무슨 뜻인가 하면 "식심으로 분별해서 의미를 바로 세웠다."란 뜻이 됩니다.

범부들이 무슨 일을 결정하거나, 어떤 문장을 보고 그 뜻을 스스로 결정할 때의 심리현상을 회의문자 의意 자에 그대로 자설해 놓았습니다.

또 의義 자를 파자로 풀어보겠습니다. 곧 '八+王+我'가 됩니다.

무엇이 '팔왕八王'이 곧 '나(我)'인가?

세상 사람의 입장으로는 '나의 왕도는 팔방미인이 되어야 한다'라는 뜻이 됩니다. 그리고 깨달음으로 가는 도道로 말하자면 "진아로 돌아가는 왕도王道는 팔정도八正道"란 뜻이 됩니다.

더 높은 최상승법으로는 "무아無我의 왕도王道는

팔해탈八解脫에 있다."라는 뜻이 됩니다.

아, 보라. 언어나 문자에는 이렇게 무량한 뜻이 있습니다. 그런데 문제는 지금 온 인류가 쓰고 있는 소리글자에는 의意나 의義가 전연 없습니다. 한 단어가 만들어지기 전에는 그냥 소리 글(音書)일 뿐입니다. 한 단어나 한 문장이 되었다손 치더라도 의意는 있으나 무량의無量義를 뜻하는 의義는 없습니다.

그러므로 음서音書는 모두가 구강상형문자口腔相形文字들입니다. 구강상형문자란?

영어를 비롯한 모든 음서는 그 글자의 생김대로 입안 구강에서 글자 모양의 형국을 그대로 흉내를 냅니다. 입술과 혀로 글자를 만들어서 음성을 조작해 내는 것입니다. 그래서 음서는 모두가 글자의 모양대로 입안에서 구사해야만 발음이 제대로 됩니다. 다시 말하면 말을 할 때에 입술과 혀로 입안의 목구멍에서 나오는 소리를 거문고를 퉁기듯 혀로 조작해 내어야만 분명한 발음이 됩니다.

그래서 음서는 모두가 입술의 순음과, 코의 비음과, 목구멍의 후음을 혀로 입안에서 희롱해서 내는 소리글들입니다. 그러므로 음서들은 저 오늘날 오페라 악단의 하모니와 같습니다. 하모니가 모든 음서의 고향이기 때문입니다.

　그래서 필자는 모든 음서를 구강상형문자라 합니다. 저 모든 음서들은 자음子音과 모음母音이 붙어서 한 단어가 되었을 때에만이 어떠한 의미가 따라다닙니다.

　그렇기 때문에 음서 그 글자 자체에는 어떤 의미를 뜻하는 의意도 없는데 어떻게 무량의를 뜻하는 옳을 의義 자가 있겠습니다.

　세존께서『열반경』「문자품」에서 밝히시기를, 인류의 모든 언어와 논설과 문자와 주문은 모두가 부처님이 말씀한 것이요 다른 외도나 식자들이 만든 것이 아니라고 하셨습니다.

　그리고 모든 문자 중에서도 완전한 글자, 완자完字

가 있다고 말씀하셨습니다.

세존께서 말씀한 그 완자完字는 한자漢字란 생각을 합니다. 왜냐하면 실로 한자 이상 가는 문자는 어디에도 없습니다. 모두가 좋아라 하는 과학 문자 가운데 지구상에서 최고의 과학 문자는 바로 한자입니다.

글자 자체字體에다 일체 만류를 그대로 입력시켜 놓았는가 하면 정신철학으로는 육근六根(眼·耳·鼻·舌·身·意)의 성리를 한 마리의 코끼리에다가 대비를 시켜 놓았습니다. 그래서 코끼리 상象 자를 써서 한자漢字를 상형문자象形文字라 했습니다. 한자는 상형문자이기 때문에 저 한 글자의 뜻 속에는 한 마리의 코끼리와 똑같은 육감인 육식六識과 기억記憶하는 칠식七識과 혼탁하기는 하지만 깨닫는 제팔식이 있습니다. 이 제팔식을 장식藏識이라 합니다. 불가사의하게도 짐승이지만 코끼리에게만은 장식藏識이 있습니다. 그래서 종족을 알아보고 죽는 날과 장소를 압니다. 그래서 불교에서는 코끼리를 무척이나 신성시합니다. 그 이유가 바로 여기에 있습니다.

지금 필자는 팔식을 담아 놓은 한문 글자 뜻 의意 자와 무량의의 의義 자의 오묘한 뜻을 밝히고 있습니다. 세상의 모든 학자들이 평소에 글 공부를 하면서 영험을 해 보는 상식으로 두 글자의 뜻에 관한 이해를 돕겠습니다.

아주 쉬운 예로서 하늘 천天 자를 아는 사람은 하늘 천天 자를 보면 단박에 생각은 글자를 떠나서 그 글자가 제시하는 의미를 생각합니다.

천天 자의 의미는 새파란 하늘입니다. 새파란 하늘을 마음의 눈으로 실제 하늘로 생각을 합니다.

이렇게 천天 자를 본 생각이 금방 그 천天 자를 떠나서 저 천天 자가 의미하는 텅 빈 하늘을 생각합니다. 이렇게 문자文字를 보고 그 문자를 떠나서 그 문자가 의미하는 뜻을 마음의 눈으로 의식하는 저 지적 행위를 고유명사로 궐월문闕越文이라 했습니다.

왜? 집 궐闕 자에다가 뛰어넘을 월越 자를 쓰고 '궐

월' 문文 자를 붙여서 궐월문闕越文이라 했을까?

그 까닭은 특히 한문 글자 같은 경우에는 한 글자 자체가 한 채의 대궐과 같습니다. 그래서 대궐 궐闕 자를 쓰고 그 글자를 보고는 금방 그 글자를 뛰어넘어서 그 문자의 뜻을 보아야 합니다. 그러므로 뛰어넘을 월越 자에 '궐월' 문文 자를 달아서 궐월문闕越文이라 했습니다.

꼭 뛰어넘을 월越 자를 쓰는 이유는 앞에서 설명한 바와 같이 처음에는 누구나 글자를 먼저 봅니다. 보고는 그 문자를 뒤로 하고 그 글자의 뜻 속으로 찰나에 뛰어올라 갑니다. 그래서 뛰어넘을 월越 자를 써서 궐월문闕越文이라 했습니다.

그러므로 학문을 하는 사람은 문자를 보고서 그 문자의 의미(意)를 보고는 그 뜻 속으로 찰나에 뛰어올라 가서는 그 글자의 전체적인 뜻을 두루 깨닫고 아는 의義에 머뭅니다.

이렇게 글자를 보고 그 글자를 뒤로하고 그 글자의

뜻 속으로 찰나에 뛰어올라 갑니다. 이렇게 생각을 뒤집는 의식행위를 반야般若라 합니다.

이렇게 반야가 되도록 의식을 뒤집는 지적 행위를 지혜라 합니다. 그래서 옛 선각자들은 반야般若를 지혜智慧라고도 했습니다. 반야와 지혜는 분명한 사고방식의 차이가 있는데도 말입니다.

반야는 손바닥을 뒤집듯 의식을 뒤집는 그 자체입니다. 하지만 지혜는 저 반야가 되도록 정신작용을 유도하는 지적 의식행위입니다.

그래서 함부로 반야를 지혜라 하고 지혜를 반야라 한다면 참으로 곤란해집니다. 왜냐하면 문자의 문법상으로 보나 의미상으로 보나, 진실의 실상으로 본다면 참 맹랑해지기 때문입니다.

특히 불경은 묘각의 각성세계를 기록한 경문이기 때문에 글자를 보고 그 글자의 뜻을 찰나에 보아야 합니다. 이렇게 찰나에 뜻을 뒤집어 보는 반야의 지혜가 없으면 속된 말로 멍텅구리가 됩니다. 멍텅구리란

제대로 생각을 잘 못 굴린다는 의미의 속어입니다.

그래서 모든 마음공부는 생각하는 의식을 돌이키는 지적 행위가 번갯불처럼 빨리 일어나야 합니다. 그래서 지혜를 혹 학자들은 번갯불이라고도 합니다. 본래로 의식의 활동은 광속이기 때문에 번갯불처럼 빠릅니다. 그래서 지혜를 번갯불이라고 해도 좋습니다. 모든 수학修學과 수행修行에는 반드시 이렇게 의식을 뒤집는 반야般若의 지적 행위인 지혜智慧가 수반되어야만 합니다. 그렇지 못하면, 특히 도통은 고사하고 『무량의경無量義經』을 넘어서 『묘법연화경妙法蓮華經』으로 들어가는 수행은 근처에 가기도 어렵습니다.

그래서 경문에 보면 모든 대보살마하살들이 세존께 문안을 드리면서 간곡히 올리는 말씀이 있습니다.

'세존이시여, 저 중생들이 오음으로 된 마음을 거둬들이옵니까? 묘각의 빛 각성으로 마음을 돌이켜 들이옵니까?' 란 뜻으로 "세존이시여, 저 중생들이 섭오정攝五情 하옵니까?"라고 하면서 우리 중생들에게도 간곡한 메시지를 남기셨습니다.

아, 보라. 태초에 선각자들은 이렇게 궐월문闕越文인 글자 공부를 제대로 하셨습니다. 그러므로 저 유학의 선비들도 궐월문의 반야용선을 타고 자기 내면의 깨어 있는 각성세계로 몰입하였던 것입니다.

그런데 말입니다. 오늘날 교육을 어떻게들 생각하십니까? 이게 사람 되는 교육입니까, 살기 위한 살육입니까? 앞으로 우리 후손들은 어찌하면 좋을까요? 요새는 궐월문闕越文이란 고유명사도 제대로 몰라서 문장을 예사로 '글월'이라 쓰고들 있습니다.

속어로 '글월'이라 한 것은 이두문吏頭文으로 된 우리말 속어에서 비롯되었습니다. 이두란 대개 한문 글자에 있는 문자의 두음頭音을 빌리고 그 문자의 밑에 따른 미문尾文의 음을 따서 만든 속어를 말합니다.

무슨 말인가 하면 '글월'이라 했을 때 궐월 문文 자에서 한문글자 앞머리에 붙은 명칭, 궐월을 속어로 글월이라 했습니다. 그래서 문자의 두음頭音을 따고 그 두음의 밑에 따른 미문尾文인 글을 '문'이라 했을 때 '문' 자를 따서 문장을 쉽게 '글월'이라 합니다.

예를 들면 하늘 천天이라 했을 때 우리말 발음 하늘은 두음頭音이 되고 끝에 붙은 천은 미문尾文이 됩니다. 또 한 예로서 한문을 그대로 읽으면 개자식皆子息이란 글자는 우리말로 풀이하면 '다 같은 자식인데'라는 뜻이 됩니다. 그러나 이것을 문자로 쓰면 '개자식'이 되니 자칫 죽을 둥 살 둥 싸움이 벌어질 수 있는 반면 속어로 '다 같은 자식인데' 하면 서로 좋다고들 시시덕거립니다. 이같이 웃지 못할 두음頭音과 미문尾文의 속어가 우리말에는 엄청 많습니다.

의意 자 · 의義 자의 무량의 이야기

다음은 의意 자와 의義 자를 자연지自然智로 이해를 돕겠습니다. 지천에 피고 지는 꽃으로 비유해 보겠습니다. 저 꽃들의 열매는 곧 의意와 같습니다. 그리고 그 열매 속에 숨어 있는 씨앗인 종자種子가 있습니다. 그 씨앗인 종자는 곧 무량의無量義를 품고 있는 의義 자와 같습니다.

어째서 의意를 꽃의 열매라 하는가?

모든 초목이 피어 내는 꽃은 태양의 빛과 수많은 별의 빛으로 피어 냅니다. 그러므로 꽃은 누가 보아 도 아름답습니다. 또한 종자인 씨앗은 무량의와 같습 니다.

어째서인가?

우주를 닮은 열매의 씨앗인 종자에는 우주의 모든 것을 하나로 똘똘 뭉쳐서 만들어 내었습니다.

그래서 모든 씨앗은 둥근 우주를 그대로 닮고 있습 니다. 그리고 씨앗인 종자 속에는 우주 만물의 신비 가 그대로 다 기억되어 있습니다. 그러므로 종자 속 에는 무량의로 가득 차 있습니다.

무엇이 무량의인가? 종자인 씨앗 속에는 우주의

질서가 그대로 담겨 있습니다. 그러므로 철 따라 싹을 틔우고 계절 따라서 꽃을 피웁니다. 그런가 하면 그 초목의 뿌리와 등치와 줄기와 가지와 잎과 꽃과 색깔과 향기와 그 종자가 될 씨앗도 다 들어 있습니다. 한 알의 종자 속에 말입니다.

그러므로 한 알의 종자 속에는 일체종지와 같은 만법의 무량의를 다 품고 있습니다. 이와 마찬가지로 언어와 문자인 글자 속에도 꽃의 열매와 똑같은 의미의 의意 자가 있고 그 열매 속에 숨어 있는 종자와 같은 무량한 뜻의 생명성이 그대로 가득 차 있습니다. 한 알의 씨앗 속에 말입니다.

다시 말하면 만초만화가 꽃을 피워서 결실을 맺는 열매는 의意 자와 같고 그 씨앗 속에 담긴 생명성은 무량의경의 의義 자와 같습니다.

이와 같은 자연지로 『무량의경』과 『법화경』에 대비를 시켜서 생각해 보면 제불의 말씀 속에는 큰 연꽃과 같은 의意가 있고, 또한 그 연꽃의 연실 속에는 씨앗인 의義 자가 있습니다.

이와 같이 의意 자와 의義 자는 법화행자들로 하여금 『무량의경』으로 인도를 해 주시는 제불의 좌우 보처보살과 같습니다.

그러므로 모든 부처님은 반드시 꽃과 같은 『무량의경』을 먼저 설하시고 곧 따라 종자와 같은 '실상實相 묘법연화경妙法蓮華經'을 설하셨던 것입니다.

아, 보라. 의미 의意 자와 옳을 의義 자 이 두 글자의 각별한 뜻을 이 자리에서 이렇게 밝혀둡니다.

4. 여시아문如是我聞

모든 경전 서두에는 반드시 여시아문如是我聞이란 경문이 있습니다. 경전에서 먼저 언급이 되고 있는 여시아문을 우리말로 바른 해설을 하자면, "여래로부터 나는 이와 같이 들었습니다."로 해석을 해야 옳습니다.

그런데 고금을 통하여 모든 경전의 번역본을 보면 한결같이 여시아문을 '나는 이와 같이 들었다'로 해설을 하고 있습니다.

그래서 이 여시아문에서 먼저 여시如是에 담긴 무량의가 무엇인가를 밝혀 보려고 합니다. 장경의 모든 뜻은 '여시如是'에 있습니다. 만약 여시가 세상 문법의 수식어 같으면 '이와 같다'라고 해도 무방합니다.

그러나 모든 불경 서두에 나오는 '여시'는 세간법과 출세간법을 멀리 뛰어넘어서 대해탈의 무량의를 지칭한 '여시'가 되고 있습니다.

그래서 '여시'의 참 뜻을 제대로 알자면 절마다 흔하게 그려 놓은 '원이삼점圓而三點'이란 도표의 의미부터 잘 알고 있어야 합니다. 저 도표가 '여시'의 본뜻을 분명히 설명하고 있기 때문입니다.

원이삼점圓而三點은 동그란 원 안에 정삼각으로 점 세 개를 찍어 놓은 것입니다.

저 도표는 여래장의 무량의를 도설한 도표입니다. 이 원이삼점은 사찰의 큰 법당이나 요사채 건물의 편각 안면을 보게 되면 동그란 원 안에 점 세 개를 꼭 찍어 놓고 있습니다.

이 원이삼점의 생기설은 『열반경』에 있습니다.

세존께서 해탈解脫과 열반涅槃과 반야般若가 서로 삼위일체가 되었을 때 비로소 무여열반을 얻는다고 하신 말씀에서 비롯된 것입니다. 저 반야와 열반과 해탈은 서로 앞뒤의 순서가 뒤바뀌어도 아무런 문제가 없다는 조언도 해두셨습니다.

이 뜻을 후세의 논사들이 처음에는 삼위일체의 의미로만 정삼각으로 점 세 개만 찍어 놓았는데 이것을 다시 지금 보시는 바와 같이 삼 점 밖으로 둥근 원을 그려 놓았습니다. 이 둥근 원의 뜻은 묘각의 각성뿐만이 아니라 일체의 모든 성품은 본래로 무변허공계를 두루 다 머금고 있음을 상징한 원圓표입니다.

그리고 점 세 개를 정삼각으로 찍어 놓은 것은 음양학으로는 양성·중성·음성이고, 심리학으로는 의식·잠재의식·무의식입니다. 그리고 부처님의 삼신설로는 보신報身·법신法身·화신化身이 삼위일체로 원융해 있음을 뜻합니다.

이와 같이 불성이나 일체 만법의 본 성품은 본래로 시방세계에 두루 원융해 있음을 표기한 원이삼점입니다. 그래서 만법이 들고나는 여래장의 불가사의를 도설한 도표가 되고 있기도 합니다.

하지만 아무나 쉽게 저 도표의 심심미묘한 뜻을 알 수는 없었습니다. 그래서 지금까지 절 집에서는 화두 같은 수수께끼로 남아 있습니다.

그러면 지금부터 저 원이삼점圓而三點의 수수께끼를 풀어 봅시다. 지금 온 인류가 살고 있는 이 지구촌에는 과학의 상식으로는 도저히 풀 수가 없는 불가사의 수수께끼들이 참으로 많이 있습니다. 그 많은 수수께끼들은 모두가 불지佛智와 여래지如來智와 자연지自然智에서 흘러 나왔습니다. 그렇기 때문에 그 수수께끼들의 가면을 벗기고 참모습을 보고 알자면 내가 먼저 속이 텅 빈 한 자루의 피리가 되어야만 합니다. 왜냐하면 불가사의 무량의로 가득한 불지佛智나 여래지如來智나 자연지自然智는 속이 텅 빈 한 자루의 피리와 같은 사람을 만나야만 묘한 손가락과 묘한 입술로 깨달음의 피리를 불어 줍니다.

그 깨달음의 피리소리를 한 번 들어 보시렵니까?

지금 여기 불가사의한 수수께끼 원이삼점의 묘한 손가락과 같은 현대물리의 불가지수 3.14와 묘한 입술과 같은 수의 철리 십진법十進法의 피리 소리를 한 번 들어 보시렵니까?

그런데 꼭 알아 둘 상식이 있습니다. 불지佛智나 여래지如來智나 자연지自然智는 인류 무지의 공통분모로 만들어진 육하원칙이 없습니다. 언제? 어디서? 누가? 무엇을? 어떻게? 왜? 라고 하는 허구망집의 육하원칙이 없습니다. 그러므로 불문가지不問可知의 지혜가 여래의 자연지입니다. 이 같은 자연지의 불문가지는 저 미생물인 개미에게도 있습니다. 그래서 천지의 괴변을 미리 다 감지를 합니다. 그것은 자연지가 그들의 촉수에 있기 때문입니다. 그리고 철 따라 수천만 리를 정확히 날아다니는 철새는 귀밑에 엄청난 자연지의 기억장이 있음을 과학자가 어떻게 알겠습니까? 또 저 새벽시간을 알리는 장닭의 붉은 벼슬에는 경면주사에 있는 금성의 수은이 있어서 샛별의 전파선을 감지하는 톱날 같은 벼슬에 자연지가 있음을 과학자는 모릅니다. 벌과 나비들이 멀리 있는 꽃들의 빛깔과 향기를 감지하는 자연지가 촉수에 있음을 어떻게 과학으로 증명을 하시렵니까?

뿐만 아니라 집에서 많이 키우는 고양이도 턱수염에 자연지가 있습니다. 만약 턱수염을 깎아버리고 나면 제 앞에 있는 쥐를 잡지를 못합니다. 마치 전지가 끊긴 휴대폰과 같아집니다.

저 불지와 여래지와 자연지와 연각지와 무사지를 중생이 알지 못하는 것은 마치 태양의 은혜로 살고는 있으면서도 그 은혜는 모르는 이치와 똑같습니다. 끝없이 태우고 있는 수소 가스가 어디서 무진장 생산이 되는지를 전연 모르기 때문입니다. 중생의 무지가 타고 있음을 뉘 알겠습니까?

그러면 왜? 과학자들은 저 여래 자연지自然智를 모를까?

그것은 분별망상의 세지世智가 스스로 앞을 가려서 저 불가사의한 여래5지如來五智를 전연 생각하지 못하기 때문입니다. 본론으로 들어가 봅시다.

저 원이삼점圓而三點에서 비롯된 무유정법의 불가지수 3.14와 수학의 정리(산술정법) 십진법十進法의 피리소리를 들어 봅시다.

무유정법의 불가지수 3.14나 사람의 운명이나 일체 만법은 똑같은 것이 하나도 있을 수가 없습니다. 세존의 무유정법설에서 나온 불가지수가 3.14 입니다.

그런데 바로 이 불가지수 3.14가 곧 산술정법의 십진법十進法이 되고 있을 줄이야. 바로 이 원리가 특수상대성 원리의 철리입니다. 무유정법과 산술정법은 분명 상대성 불가지수입니다. 그런데 저 무유정법의 불가지수 3.14가 곧 산술 정법의 십진법十進法이 되고 있음은 아인슈타인의 특수상대성 원리가 아니곤 답

이 없습니다.

원이삼점圓而三點에서 삼점은 만법은 삼위일체로 존재하고 있음을 뜻한 '3.'이고 그리고 원이삼점에서 둥근 원圓은 우주를 상징한 십자十字(14)입니다.

저 둥근 원의 철리를 3.14라 했습니다. 십자十字는 우주 공간상임과 동시에 시방十方을 상징한 수, 십十입니다. 그러나 십수十數가 없는 서양에서는 동양의 이 십수의 철리를 14로 대치하고 있습니다.

우주의 사방四方을 뜻하는 십자十字의 사방四方의 수 1, 2, 3, 4가 14로 대변이 되고 있습니다. 무슨 뜻인가 하면 일찍이 동양에서는 우주의 사방四方의 방위를 숫자로 표기했습니다. 1은 북방, 2는 남방, 3은 동방, 4는 서방 이렇게 1·2·3·4에 각 방위의 명칭을 매겼습니다. 바로 이 사방을 원으로 돌려서 1·2·3·4를 다 더하게 되면 자연스럽게 10(十)이 되고 십十은 곧 '0'의 상이 되므로 이 '0'을 서양에 없는 '十0' 십 수로 읽게 되었습니다.

이 자연지自然智의 법칙은 이미 6500년 전에 동양에서는 수 발견의 도표인 『하도락서河圖洛書』에 잘 밝혀져 있습니다.

어째서 원(0)을 십 수十數로 읽느냐 하는 답은 상기의 설명에서도 알 수가 있을 것입니다.

이 '0'을 1·2·3·4·5·6·7·8·9 수밖에 없는 서양의 낱수들을 앞에다 달고는 지금 십 단위로 읽고 이를 십진법十進法이라 합니다.

필자의 이 가설은 자연지自然智의 피리 소리입니다.

도움 말씀을 좀 드리면, 원이삼점에서 둥근 원은 시방十方인데 십자十字는 사방四方을 의미하고 그 사방의 숫자를 빙 돌린 원圓(0) 표로 더한 수는 곧 '十0'이 되므로 십진법이 되고 있습니다. 시방十方은 곧 '0' 공간상空間相이고 공간은 곧 '원圓(0)'입니다. 삼점(3.)은 시간상時間相으로 과거·현재·미래를 뜻한 삼점입니다. 그러므로 '3.'은 영원히 맴도는 시간상時間相이 되고 있습니다. 그리고 14는 시방十方을 뜻하므로 시방은 영원한 공간상空間相이 되고 있습니다. 그러므로 공간상의 철리를 14라 하고 14를 공간상으로 빙 돌려서 더하면 곧 '十0'이 됩니다. 이 도리를 십진법十進法이라 합니다.

알라, 오늘날 저 군사학 제식훈련에도 십진법十進法을 그대로 애용하고 있습니다. 교관이 생도들에게 "앞으로 갓" 해 놓고는 "번호 맞추어 갓" 하면 생도들은 큰 소리로 "하나, 둘, 셋, 넷" 합니다.

이렇게 1, 2, 3, 4을 더하면 곧 열이 되므로 이를 십진법이라 합니다.

혹 필자의 이 같은 가설에 유감이 있다면 그대들에게 한 가지만 묻겠습니다. 이 세상에 의미유추의 가설이 아닌 것이 있다면 제발 좀 가르쳐 주든지 보여 달라고 말입니다.

참으로 어리석습니다. 어느 때 저 사해 바다가 "나는 바다요"라고 하면서 자기의 이름을 호명한 역사가 있습니까? 그리고 세상에 지천으로 피고 지는 저 많은 꽃들이 언제 "나는 장미요", "나는 해바라기요"라고 하면서 스스로 자기의 본명을 호명한 역사가 있느냐고 말입니다.

알아 두세요, 저 언어유희인 문화와 문학도 인류 약속언어의 춤이란 사실을. 저 자연지가 가르쳐 주는데도 왜 깨닫지를 못합니까? 앎에 문제가 아니라 왜 모르는가의 문제입니다.

이는 모두 한 자루의 피리 같은 사람의 몸을 통하여 여래의 불가사의 자연지自然智가 인류 무지의 수수께끼를 노래한 피리소리인 줄이나 알아 두세요.

본 주제 얘기로 들어가 봅시다.

원이삼점의 변명

자, 지금부터 저 플라톤의 변명 같은 필자의 원이삼점圓而三點의 변명을 조금만 더 들어 봅시다.

둥근 원은 우주이고 저 우주 안에 세 점은 일체가 삼위일체로 돌아간다는 의미로 둥근 원 안에다가 점 세 개를 꾹 찍어 놓았습니다.

문제는 세 개의 점입니다. 이 세 개의 점의 변명에는 누구나 만만치를 못합니다.

조선 시대 성리학자 이율곡 선생님께서도 금강산 장안사에서 『수능엄경』을 보시다가 세존께서 고등 심리학으로 무아실상을 깨닫게 하는 변증법 논리에서 얼마나 혼쭐이 났든지 차라리 속 편한 공자님 가르침 앞으로 가야지 하고는 유교로 달려간 기록이 있습니다.

출가한 학승들도 『수능엄경』에는 만만치를 못해서 "능엄경은 마장의 경"이라 할 정도로 어렵고 난해합니다. 그 까닭은 다 지금 필자의 원이삼점圓而三點에 관한 변명과 같은 내용들이므로 실로 만만치는 않습니다.

저 삼점의 메시지는 다름이 아니라 지금 우리가 쓰

고 있는 마음의 주소를 찾는 얘기입니다. 실제 마음이 내 몸 안에 있느냐, 몸 밖에 있느냐, 아니면 어디 그 중간에 있느냐 하는 문제입니다. 결국 마음의 주소를 찾는 얘기가 됩니다. 쉬운 다른 비유로는 양 손뼉을 쳤을 때 손뼉의 소리가 납니다. 과연 그 소리는 이쪽, 저쪽, 중간 그 삼 처 중에서 그 어느 쪽에서 소리가 났느냐 하는 소리의 출처에 대한 물음입니다.

이 때에 세 곳 중 그 어디라고 긍정을 하면 지금 단박에 그 곳에서 스스로 소리가 나야 옳고, 또 저 세 곳 중 그 어디든 아니라고 부정을 하면 지금 당장 손뼉을 쳐도 아무 소리가 나지를 않아야 옳고, 또 그렇다면 저 세 곳을 긍정도 부정도 아니하게 되면 또 벼락같이 허망이 됩니다.

왜냐하면 지금 당장 손뼉을 치면 손뼉의 소리는 어디라 없이 일어나니까 말입니다.

그래서 정답은 소리나 마음은 삼위일체가 되었을 때만 소리나 마음이 있고, 저 세 가지 조건들이 멀리 떠나면 아무것도 없다는 변증법 논리로 깨우침을 주자는 세존의 한 방편이었습니다.

그 변명의 과정에서 저 세 곳을 긍정과 부정을 엎었다 젖혔다 두 번을 하면 이론상 6부정의 긍정이 됩니다.

왜 6부정의 긍정이 되어야만 하는가? 그래야 일체 만법의 속성은 그대로 우주에 두루해 있다는 논리가 성립이 됩니다.

그것이 마음이든 소리든 모든 성품은 저 무변허공계에 두루해 있습니다. 두루한 저 성품이 누가 무엇을 어떻게 하느냐에 따라서 거기에 모든 성품이 감응을 할 뿐입니다.

이러한 진리의 속성을 잘 모르게 되면 공연히 제가 잘난 척만 하고 또한 허망한 심리나 물리에 집착을 하게 됩니다. 중생심리의 허망한 아집과 탐욕을 버리게 하는 방편지方便智의 도표가 저 원이삼점의 불가사의입니다.

그래서 우주에 두루한 성리로 보면 당연히 그 답은 '그것도 저것도 아니요 아닌 그것도 아니다'라고 하는 6부정의 긍정사 시시비비是是非非의 차원이 됩니다. 여기 이 6부정의 긍정사 시시비비是是非非에서 더 높이 올라서게 되면 저 부정의 긍정인 시시비비를 한 번 더 극단 부정을 해야만 합니다.

그렇게 되면 이론상으로는 삼 처를 세 번 부정하는 꼴이 되므로 이를 9극단부정사 일시방각一時放却이라 합니다. 이렇게 9극단부정사 일시방각一時放却을 다시 열 번째로 절대긍정을 하는 대긍정사를 우리말로는 "곧 그것이 그것이다"라 하고, 이것이 '여시如是'가 됩니다. 이렇게 열 번째로 절대긍정사에서 일어난 여시如是를 '십여시十如是'라 합니다.

바로 저 십여시는 곧 묘각妙覺의 여래장이 됩니다.

그러므로 저 십여시十如是는 일체의 긍정과 부정을 다 받아들인 여래장如來藏이 되고 있습니다. 그러므로 여래장은 일체의 만법을 먹었다 토했다 하는 불가사의 무량의로 충만된 대광명장입니다.

여기서 잠깐 대해탈의 변명을 들어 봅시다.

6부정의 긍정사 시시비비是是非非와 9극단부정사 일시방각一時放却의 실증적 예를 든 비유입니다.

여기 돌이 하나 있습니다. 돌의 변명을 잠깐만 들어 봅시다. 만약 돌이 고열에 녹으면 곧 물이 됩니다.

또 돌을 서로 마주치게 되면 곧 불꽃이 거기서 일어납니다. 그 돌이 삭으면 반드시 흙이 됩니다.

이런 경우에 저 돌을 물이라 불이라 흙이라 또한 꼭 돌이라 하겠습니까?

그렇다고 수水, 화火, 토土, 석石이 아니라고도 할 수가 있을까요?

또한 이것을 이렇다 저렇다 부정과 긍정을 또 그 긍정의 부정을 세월없이 반복하시렵니까?

그러므로 아홉 번째로는 번거로운 물리나 성리의 혼란을 멀리 다 절단해 버립니다. 이렇게 다 버린 그 텅 빈 곳에서 열 번째로 절대긍정 여래장인 십여시十

如是가 활짝 열립니다. 이때 비로소 산을 보고 물이라고 하면 곧 산이 물이 되고 물을 보고 산이라고 하면 곧 물이 산이 됩니다.

아, 보라. 바로 이것이 십여시의 불가사의입니다.

저 금세기에 잠깐 왔다가 가신 해인사 성철 스님께서는 "산은 산이요 물은 물이로다."라고 하는 법어를 남기시고 가셨습니다.

아, 보라. 여래의 무량의는 '여시如是'에 있고 십여시十如是의 『무량의경無量義經』은 『묘법연화경妙法蓮華經』에 있습니다.

그러므로 누구나 십여시十如是의 『무량의경』을 읽고 외우고 쓰고 해설을 쉼 없이 하다 보면 정삼업淨三業의 공덕으로 반드시 성불成佛을 합니다.

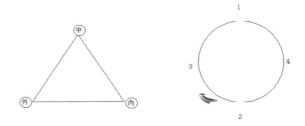

5. 십여시十如是의 해설

『묘법연화경妙法蓮華經』「방편품方便品」에서 세존
께서 밝히신 십여시十如是의 뜻을 중생심으로 이해를
돕겠습니다.

첫째로 여시상如是相입니다.
여시상如是相은 여래 묘각의 빛으로 드러난 일체
모든 현상을 일컫습니다.

두 번째로는 여시성如是性입니다.

여래 묘각의 빛인 각성으로 말미암아 제불보살의 각성과 일체중생의 심성과 일체 만물의 물성이 다 나왔으므로 이를 여시성如是性이라 했습니다.

셋째는 여시체如是體라 했습니다.

여래의 원만보신의 공덕성으로 일체 각자들의 법신과 만류의 형체가 되고 있으므로 이를 여시체如是體라 했습니다.

넷째는 여시력如是力입니다.

여래 묘각의 묘지력으로 말미암아 제불보살의 정진력과 일체의 모든 존재의 행위가 일어나고 있으므로 이를 여시력如是力이라 했습니다.

다섯째는 여시작如是作입니다.

여래의 신통력으로 말미암아 일체의 장엄이 성취

되고 있으므로 이를 여시작如是作이라 했습니다.

여섯째는 여시인如是因입니다.
여래 묘각의 빛의 그림자인 마음이 만법의 근본 뿌리가 되고 있으므로 이를 여시인如是因이라 했습니다.

일곱째는 여시연如是緣입니다.
여래 묘각의 각성에 반연되어서 일체가 일어나므로 이를 여시연如是緣이라 했습니다.

여덟째는 여시과如是果입니다.
여래가 증득한 과덕의 결과로 만법이 결실을 맺고 있으므로 이를 여시과如是果라 했습니다.

아홉째는 여시보如是報입니다.
여래 보신報身의 공덕으로 일체가 다 스스로 짓는 업보로 그와 같이 이루어지고 있으므로 이를 여시보

如是報라 했습니다.

열째는 여시본말구경등如是本末究竟等입니다.
여래만이 처음부터 끝까지 구경의 묘각을 두루 다
평등하게 갖출 수 있게 하므로 이를 여시본말구경등
如是本末究竟等이라 했습니다.

세존께서 밝히신 십여시十如是는 곧 청정묘각淸淨妙
覺을 성취하신 제불의 불가사의한 덕행을 밝히신 말
씀입니다.
그러므로 십여시는 곧 여래십호如來十號이기도 합
니다.
그러므로 여시아문如是我聞을 "여래로부터 나는 이
와 같이 들었습니다"로 해설해야 옳습니다.

6. 여래십호如來十號 해설

1) 여래如來

묘각妙覺을 성취해서 부처님을 보필하는 보처보살로 오랜 세월 동안 공덕을 쌓고 쌓다가 보면 마치 묘각의 황금빛이 오랜 세월 동안 허공계를 쬐고 쬐어 마침내 저 무변허공계가 다 붉은 전단 황금덩어리가 되듯이 꼭 이 같은 이치로 반드시 대광명장엄의 여래장이 됩니다. 여래장이 되고 나면 불가사의한 무량의

의 덕행이 제불국토에서 일어납니다.

이때부터 일체의 만법과 제불의 묘법을 먹었다 토했다 하는 불가사의한 덕행德行을 두루 갖추게 됩니다.

그 덕행의 호칭을 여래如來라 합니다.

2) 응공應供

응공應供의 덕행을 갖추고 있으므로 일체 제불보살과 성문연각들에게 모든 불지와 등각과 도과를 증득케 해줍니다. 아울러 일체중생으로 하여금 수행과 선덕의 여하에 따라서 그에 상응하는 응분의 복덕과 지혜를 두루 베풀어 줍니다.

3) 정변지正遍智

여래가 되고 나면 이미 일체종지를 두루 다 갖추

고 있으므로 일체 불보살에게는 불지佛智와 여래지如
來智와 자연지自然智와 무사지無師智와 연각지緣覺智를
두루 갖추게 해 줍니다.

종성도 무량한 일체중생들에게는 심지어 미생물인
세균 바이러스에게도 삶의 지혜를 베풀어 줍니다.

4) 명행족明行足

여래如來가 되고 나면 태양과 같이 일체를 두루 보
살피는 명행족이 됩니다.

그러므로 제불보살은 일체의 행위나 생각하는 사
념 하나에도 티끌만 한 허물이 있을 수가 없습니다.

그러나 일체중생은 한 발을 들고 한 생각을 일으
키는 데도 백천만 가지의 허물의 죄를 짓는다고 합
니다.

명행족을 성취한 여래는 이 불구자 같은 중생들의
온갖 부조리한 행동들을 바로잡아 줍니다.

그러므로 중생은 제불보살의 이름만 한번 불러도 필경에는 나쁜 업보와 허물이 없는 명행족이 됩니다.

5) 선서善逝

여래는 일체를 선하고 거룩하게 되는 편으로 선도를 해줍니다. 그래서 아무리 악한 중생이라도 여래인 선서를 만나면 자연스럽게 선량해지고 자연히 성불도 됩니다. 그것은 여래의 불가사의한 선서善逝의 공덕력 때문입니다.

6) 세간해世間解

성불해서 여래가 되고 나면 반드시 세간의 고뇌를 낱낱이 풀어 주고 해결을 해 주시는 해결사 세간해世間解가 됩니다.

뿐만 아니라 모든 수행자들에게 일어나고 있는 온

갖 마장도 속속들이 다 바로잡고 막고 걸림은 풀어
줍니다. 뿐이겠습니까?

여래 세간해의 공덕장은 저 우주와 같아서 시방세
계를 두루 싸고 있습니다.

그러므로 일체중생들에게 무한한 가능성을 다 지
불해 줍니다. 그리고 온갖 고뇌와 어려운 난관들은
세월이란 시간이 다 해결을 해 줍니다. 그러므로 헛
된 욕망을 제발 버리고 착하게 사노라면 그 어느 날
세간해의 시자 시공時空이 불자들에겐 성불도 시켜
주고 범부중생들에게는 무한한 자유와 평화와 행복
을 안겨 줍니다.

7) 무상사無上師

성불해서 여래장으로 들어갔을 때에만 더 이상 없는
스승이 됩니다. 민속 신앙에서 받들어 섬기는 하느님이
나 대범천왕도, 중생의 마음을 사로잡고 있는 마왕들도

다 부처님을 더 이상 없는 스승으로 경배하면서 칭양찬탄을 합니다.

미천한 쪽으로는 몸이 없는 귀신은 무상사의 감화로 불법을 지키는 금강신도 되고, 심지어 기어 다니는 뱀은 용이 됩니다. 저 새·짐승들도 무상사를 만나면 호법성중이 됩니다.

그러므로 저 무변허공계도 무상사를 만나면 항상 경건한 마음으로 허공계를 진동시켜서 예를 갖춥니다. 바로 육종진동이 저 우주의 예법입니다.

8) 조어장부調御丈夫

성불을 해서 여래가 되면 조어장부調御丈夫가 됩니다.

전 세계적으로 훌륭한 조어장부님의 분신들이 이 세상에 수시로 나오셔서 나쁜 전쟁광들이나 몹쓸 패거리들의 아수라 근성들을 뿌리째 뽑아 주고 가셨습니다.

좋은 실례로 서부 영화에 나오는 황야의 무법자들이 조어장부의 대표작인 표본입니다.

가까운 일본만 해도 흡혈귀같은 칼잡이 사무라이들이 동양문화의 보금자리에다 몹쓸 짓을 엄청 했습니다. 이를 자도이치란 조어장부가 잠깐 나와서 모조리 선도를 해놓고 가셨습니다.

한 많은 한국에는 무자비가 대비임을 보여 주시는 대비보살들이 지금도 조용히 지켜만 보시나 봅니다.

9) 천인사天人師

성불해서 여래가 되면 천인사天人師가 됩니다.

하늘 사람과 세상 인간들의 스승이 되므로 항상 부처님의 주위에는 모든 하늘의 대중이 가득하고, 세상의 스승이 되므로 일체중생들은 항상 공경예배를 하면서 천인사의 가르침을 받습니다.

또한 천인사의 가르침을 기리는 의미로 명당에다가 절도 짓고 불상도 세우고 합니다.

천상 사람은 몸이 광자로 되어 있으므로 인간의 육안으로는 못 봅니다. 하지만 부처님의 주위에 나타난 천상 사람이나 불보살님 모두 성불하신 부처님 법신에서 나오는 서광으로 잠깐 보였을 뿐입니다. 보지 못하는 육안 중생들을 위해서 말입니다.

부처님의 몸에서는 저 태양의 빛보다 십조 배나 밝은 상광이 있습니다. 절 법당에 걸린 탱화에 잘 묘사를 해놓았습니다. 경문에 나오는 무량한 불보살과 천상의 천왕이나 용왕이나 숱한 신중들은 모두 부처님의 몸에서 일어나는 서광의 빛 속에서만 드러나 보인 것입니다.

물론 수도를 해서 아라한과를 얻으면 천안이 열립니다. 천안이 열리면 우리가 육안으로 만상을 보듯이 불경에 등장하는 모든 대중을 다 볼 수가 있습니다.

누가 꼭 실제로 성중을 한번 만나보고 싶다면 일단

부정한 행위를 피하고 염불을 열심히 21일만 해도 부처님의 위신력으로 잠깐 불가사의한 제불세계와 일체의 성중을 다 볼 수가 있습니다.

사실은 천인사天人師의 참 뜻은 밖에 있거나 환상적인 그림에 있지 않습니다. 우리들 자신의 내면에 다 있습니다. 항상 나를 선도하고 잘못을 바로잡아주는 양심의 천인사가 누구나 다 있습니다. 바로 나 자신의 천인사님께 경배를 합시다.

삼세의 제불도 다 자신의 천인사님의 선도로 성불을 하셨던 것입니다.

10) 불세존佛世尊

성불해서 불세존佛世尊이 되었을 때 비로소 만법을 다스리는 법왕이 됩니다. 법왕이 되었을 때만 실상實相 묘법연화경妙法蓮華經을 설할 수가 있습니다. 그리고 제자들에게 성불 수기를 줄 수가 있습니다.

필자가 우리 법화행자들을 위하여 간명하게 여래 십호如來十號의 의미가 무엇인가를 조금 밝혀 보았습니다.

다소 참고가 되었으면 좋겠습니다.

심심 미묘한 법화경의 법어를 잘못 해설하게 되면 뜻하지 않게 훼불 행위가 되고 망어妄語가 됩니다.

좋은 예로서 응공應供을 남에게 공양을 받을 수 있는 자격증으로 곧잘 해석들을 합니다.

그렇게 해설을 하려면 제 스스로가 성불을 했거나 하다 못해 소과인 아라한과라도 얻어야만 합니다.

아라한과부터는 세간의 복전이 되고 있기 때문에 세간의 중생들이 나한에게 공양을 올리면 공양을 베푼 정성의 여하에 따른 응분의 복보福報를 반드시 베풉니다. 그렇다고 해서 멸진정에 든 나한들이 감히 중생으로부터 공양을 함부로 받을 것 같습니까? 나한과에 들면 얼마나 겸손하고 얼마나 따뜻한 우리 어머니들의 가슴 같은지를 아십니다. 도를 닦아서 도가 높으면 높을수록 남의 종이 됩니다.

　그러므로 남의 조그마한 신세도 비상같이 여깁니
다. 조심들 하세요. 저승은 삼 분 거리에 있습니다.

　지금까지 필자가 얘기한 말씀들을 잘 참고하십시
오. 그러면 앞으로 『무량의경』과 『법화경』을 수지 독
송하시는 데 다소 도움이 될 것입니다.

우리말 무량의경 無量義經

제일 덕행품

1 여래로부터 나는 이와 같이 들었습니다.

한때에 부처님께서 왕사성 기사굴 산중에 계셨습니다. 그때에 큰 비구 대중 만이천 인도 함께 있었습니다.

2 보살마하살 팔만 인과 하늘·용·야차·건달바·아수라·가루라·긴나라·마후라가와 모든 비구·비구니와 우바새·우바이들도 함께 있었습니다.

대전륜왕, 소전륜왕, 금륜·은륜의 모든 윤왕과 국왕과 왕자 대신과 백성과 선비와 그리고 여인들도 있었고 큰 장자들도 있었는데, 그들은 저마다 백천만 명의 권속들에게 둘러싸여서 부처님 계신 곳으로 나아갔습니다.

부처님 앞으로 나아가서는 모두 머리를 숙이고 부처님의 발에 절을 올렸습니다.

그리고 다시 일어나서는 부처님의 주위를 좌에서 우로 백천 번을 돌면서 향을 피우고 꽃을 흩으며 가지가지로 공양을 올렸습니다.

부처님께 공양 올리기를 마치고 나서는 모두 뒤로 물러나 한쪽 자리에 앉아 있었습니다.

3   그리고 대보살 마하살들도 함께 계셨습니다. 그 보살들의 이름은 문수사리법왕자, 대위덕장법왕자, 무우장법왕자, 대변장법왕자, 미륵보살, 도수보살, 약왕보살, 약상보살, 화당보살, 화광당보살, 다라니자재왕보살, 관세음보살, 대세지보살, 상정진보살, 보인수보살, 보적보살, 보장보살, 월삼계보살, 비마발라보살, 향상보살, 대향상보살, 사자후왕보살, 사자유희세보살, 사자분신보살, 사자정진보살, 용예력보살, 사자위맹복보살, 장엄보살, 대장엄보살 등 이와 같은 보살마하살 팔만 인이

대중과 함께 계셨습니다.

4   이 여러 보살들은 모두가 묘각여래의 빛에
드러나 보인 법신대사들입니다. 그들은 계·
정·혜·해탈·해탈지견을 모두 성취하셨으므로
그 마음은 오음으로 된 중생의 마음과 달리
항상 고요한 선정에 들어 있었습니다.

그러므로 늘 삼매에 머물러 있으면서 언제
나 평안하고, 담박함으로 무엇을 하겠다는 함
도 없고 밖으로 마음이 무엇에 끌려서 전도되
는 어지러운 생각도 다시 들어오지를 못하는
밝은 각성에 머물러 계시는 분들입니다.

항상 고요하고 마음이 맑아서 생각하는 뜻
이 넓고 텅 비어서 억백천 겁을 한 자리에 앉
아 계셔도 조금도 움직이지 아니하시는 분들
입니다. 그러므로 한량없는 부처님의 법문이
모두 앞에 나타나는 분들입니다.

그런 고로 큰 지혜를 얻어서 모든 법을 통달하였고 성품의 참 모습인 실상을 있는 그대로 밝게 보고 깨달아서 분별하되 있고 없음과 길고 짧음을 명백하게 밝게 드러내어 보이시는 분들입니다.

또 모든 중생들의 근기와 성품과 욕망을 충분히 잘 알고 계시므로 다라니와 걸림 없는 변재로 모든 부처님이 굴리신 법의 이치에 따라서 법륜을 잘 굴리시는 분들입니다.

작은 법의 물방울을 먼저 떨어뜨려서는 중생의 욕망의 먼지를 씻어 주고 사념이 없는 열반의 문을 열고서 해탈의 바람을 일으켜 줍니다. 아울러 세상 번뇌의 열을 식혀서 없애 주고 맑고 시원한 법의 즐거움을 얻도록 하여 줍니다.

5   다음에는 심히 깊은 십이인연법을 내리시

어 마음의 근본 무명으로 하여금 늙고 병들어 죽는 괴로운 인연의 고리를 끊어 주었습니다. 그리고 어두운 마음을 태양의 빛처럼 밝고 왕성한 지혜의 햇살로 밝혀 줍니다.

그리고는 위없는 대승의 큰물을 부어서 중생들의 모든 선근을 윤택하게 하고 공덕의 물로 축여 주시어 착한 종자를 공덕의 밭에 두루 뿌려서 널리 일체로 하여금 깨닫는 보리심의 싹을 잘 트게 해 주십니다.

6 　지혜는 해와 달과 같고 방편의 지혜로는 때를 잘 맞추어서 모두가 편안하고 행복해지는 대승의 법우를 뿌려 주어서 깨닫는 보리수 나뭇잎들이 무성히 자라게 해 줍니다.

그리고 저 중생들이 하루속히 아뇩다라삼먁삼보리를 이루어서 항상 즐거움에 머물게 하였습니다. 이렇게 미묘한 진리를 널리 두루 펴서 한량없는 대비로 괴로움에 빠져 있는 중생들을 모두 구원을 잘 해 주시는 분들입니다.

7   그러므로 저 모든 중생들을 올바르게 선도해 주시는 선지식이며 모든 중생들의 훌륭한 좋은 복전이십니다.

저 모든 중생들이 스스로 법을 청하지 못해도 법을 항상 베풀어 주시는 대선지식이시며, 저 모든 중생들의 안온하고도 즐거운 안식처가 되어서 저 모든 것을 구원해 주시는 분들이십니다. 이렇게 일체를 두루 보살펴 주시는 분들이므로 누구나 할 것 없이 두루 의지해야 할 분들입니다.

곳곳에서 중생을 위하여 거룩한 자비로써 이끌어 주시는 큰 스승님들이므로 능히 눈먼 중생을 위해서는 눈이 되어 주고 귀머거리에게는 귀가 되어 주고 코를 상한 자, 혹은 말을 못하는 벙어리들에게는 코와 혀가 되어 줍니다. 이렇게 모든 근이 헐고 이지러진 자에게는 능히 모든 근을 고루 다 갖추도록 해 주시는 분들입니다.

엎어지고 자빠지고 넘어지는 간질병 질환자들에게는 올바른 정신이 돌아오도록 하여 주십니다. 그리고 강을 건너려는 중생들에게는 모두 편안하게 강물을 잘 건너게 해 주는 가장 훌륭한 뱃사공들이십니다.

그러므로 저 뭇 중생들로 하여금 스스로 자기를 돌이켜 보는 반야의 지혜를 주어서 삶과 죽음의 강을 건너서 저 열반의 언덕에 이르게 해 주는 대보살들이십니다.

또한 저 보살들은 병을 잘 고치는 의왕醫王들이십니다. 병 고치는 의왕들 중에서도 가장 훌륭한 의왕들이십니다. 병자들의 증상에 따라 약을 주시되 약의 성품과 질병의 병리를 두루 밝게 알고 계시므로 중생들로 하여금 간절히 바라는 마음으로 약을 먹도록 하여 주십니다.

실로 중생을 길들이는 매우 훌륭한 조어사調御師입니다. 중생들로 하여금 모든 일을 제멋대로 하지 못하게 하니, 마치 코끼리나 말을 길들이는 조련사처럼 중생들의 나쁜 습관들을 가차 없이 단박에 뽑아버리고 착실하게 길을 잘 길들여 주시는 보살들이십니다.

마치 사자는 날래고 사나운 위엄이 있으므로 뭇 짐승들을 마음대로 무릎을 꿇게 하는 것과 같습니다. 그러므로 감히 누가 막거나 방해를 할 수가 없습니다.

8   저 대보살마하살들은 항상 파도처럼 빽빽이 밀려오는 중생 고뇌의 바다에 편안히 머물러 계시면서도 여래 법장의 대원경지에 태

산같이 부동하여서 조금도 흔들림이 없는 분들이십니다.

또한 중생 구제의 대원력에 항상 편안히 머물러 계시면서 두루 널리 부처님의 국토를 깨끗이 장엄하십니다. 그러므로 저 보살들은 오래지 않아 아뇩다라삼먁삼보리를 이루실 분들이십니다.

저 모든 보살마하살들은 다 이와 같아서 일반 보통 중생들의 생각으로는 도저히 알 수가 없는 무량한 덕과 지혜와 신통력을 두루 다 갖추신 분들이십니다.

9   그리고 또 부처님의 제자 비구들이 함께 있었습니다. 그 이름은 지혜제일의 사리불과 신통제일의 목건련과 해공제일의 수보리와 논의제일의 마하 가전연과 설법제일의 부루나 미다라니자와 세존의 법음法音으로 제일 먼저

깨친 아야교진여와 천안제일의 아나율과 청정한 계율의 각성을 본 우바리와 다문제일의 아난과 부처님의 아들 밀행제일의 라후라와 우바난타, 이바다, 겁빈나, 박구라, 아주타, 사가타 그리고 무심각행자無心覺行者 대가섭과 우루빈나가섭, 가야가섭, 나제가섭 등 이와 같은 비구 일만 이천 인도 함께하였습니다.

이들은 모두가 분별하는 식심이 이미 소멸되어서 사념망상이 없는 대아라한들입니다.

이들은 다시는 모든 번뇌가 전연 일어나지 않는 열반을 얻은 분들입니다.

그러므로 다시는 안팎으로 얽매이고 집착함이 어디에도 있을 수 없는 진정한 아라한들입니다.

10   그때에 대장엄보살마하살이 대중들과 함께 앉아 계시다가 모임의 대중들이 저마다 무슨

생각을 하고 있는가를 두루 살펴보시고 팔만 보살마하살들과 함께 자리에서 일어나 부처님 계신 자리로 나아가 머리를 조아려 세존의 발에 절을 올리고는 부처님 주위를 백천 번을 돌면서 하늘의 꽃을 뿌리고 하늘의 향을 피우니 하늘에서는 하늘의 옷과 하늘의 영락과 값으로 따질 수도 없는 하늘의 보배가 공중에서 빙글 빙글 돌면서 사방으로부터 내려와서는 구름처럼 모였습니다. 이렇게 모여 와서는 이를 부처님께 바치었습니다.

천상의 부엌에서는 하늘의 그릇에다가 하늘의 백 가지 맛있는 음식을 가득히 담아서 넘치니 그 하늘의 음식에서 나는 빛을 보거나 향기를 맡으면 저절로 모두가 배가 불러서 만족이 되었습니다.

또 하늘의 깃대에 하늘의 깃발을 달고 하늘의 수레를 덮은 일산과 하늘의 묘한 악기를 곳곳에 안치하였는데 하늘의 악사들이 기악을 연주해서 부처님을 기쁘게 해드리고는 곧 부처님 앞으로 나아가 합장하고 꿇어앉아서 일심으로 함께 소리를 같이하여 부처님을 찬탄하는 말씀을 올렸습니다.

11 　"장하시어라. 훌륭하게 잘 깨치신 대성주시여, 더러움도 없으시고 물듦도 없으시어 집착하실 바 무엇도 없으십니다. 하늘과 사람과 코끼리·말을 잘 길들이시는 거룩한 조어사시여, 도의 맑은 바람을 일으켜서 덕의 향기를 모두가 쐬게 하소서.

　세존의 고요한 지혜와 담박한 인정과 조용한 생각에는 나를 위한 품은 욕심이 없습니다. 아는 앎도 다 여의시었고 그 마음 또한 고요하여서 허망한 꿈은 영영 단멸해서 다시는 없습니다. 사대육신의 육근으로 생긴 오음인 마음에 십팔계로 일어난 환상도 또한 없습니다. 이렇게 아무것도 없는 무상지상의 몸은 있는 것도 아니고 또한 없는 것도 아니옵니다.

무슨 까닭이 있는 인因도 아니고 어떤 관계로 생긴 연緣도 아니옵니다. 나와 남도 아니고 모나지도 둥글지도 아니하며 짧고 긴 것도 아닙니다.

생겨나지도 않고 숨지도 않고 생멸하는 것도 아니어서 만드는 것도 저절로 생기는 것도 또한 아닙니다. 지어 내는 것도 아니고 앉아 있음도 또한 아니며 누워 있음도 아닙니다.

걸어 다님도, 물러서 있음도 아니고 움직이는 것도 구르는 것도 아닙니다. 한가해서 고요한 것도 아니고 편안하거나 위험한 것도 아닙니다.

옳다는 것도 잘못된 것도 아니어서 잃고 얻을 것 또한 없습니다. 이기고 지는 것도 아니며 왕래하는 것도 아닙니다.

　푸르지도 누렇지도 않고 붉고 희지도 않습
니다. 빨간 빛깔도 보랏 빛깔도 가지가지의
색깔도 또한 아닙니다.

12　계·정·혜·해탈·해탈지견으로 일어난 청정
한 묘각의 각성의 빛 거기에서 드러난 현상일
뿐입니다.

　삼명육통과 삼십칠도품의 각성에서 일어나
보일 뿐입니다. 청정하여 공포심 없는 거기에
서 십력의 자비심도 일어납니다.

　중생들이 선업을 어떻게 짓느냐에 따른 인
연에서 세존의 불가사의한 무량의가 일어납
니다.

　저 상 없는 상의 실상實相에서 열여섯 자의
자마금색 빛이 보입니다.

　단정한 몸은 심히 맑고도 밝아서 눈부시게

사무칩니다. 목에 생긴 둥근 윤상은 보기도 좋은 광륜상光輪相이며 머리털 색은 검푸르고 정수리에는 살 상투가 높이 솟아 있습니다.

넓고도 맑은 눈의 속눈썹은 위아래로 깜박이시고 단정한 얼굴은 심히 거룩합니다. 입술과 혀는 붉고도 고와서 붉은 꽃잎과 같고, 사십 개의 치아는 마노색처럼 하얗게 빛이 납니다. 이마는 넓고 코는 높고도 곧아서 실로 거룩하십니다.

가슴에는 길상吉相인 만자卍字가 있고 용맹한 사자의 넓은 가슴 같습니다. 유연하고도 고운 양 수족에는 둥글게 말린 천폭륜상이 있습니다.

양 팔의 겨드랑이와 두 손바닥은 안팎이 부드럽고 고와서 유연하게도 잘 굽어집니다. 팔은 길고 팔꿈치는 둥글고 손가락은 곧고 가늘며 피부는 햇살같이 부드럽고 곱습니다.

모공의 털은 오른편으로 모두 말려져 있고 복사뼈와 무릎은 둥그스름하여서 골격이 밖으로 드러나 보이지 않습니다.

성근性根은 흡사 말과 같은 마음장상馬陰藏相으로 안으로 감춰져 밖으로는 드러나 보이지 않습니다. 힘줄과 골격과 늑골, 뼈 등은 모두 살속으로 숨어 있어서 흡사 사슴의 원만한 가슴과 같이 불룩합니다.

전신의 몸은 유리같이 안과 밖이 투명하여서 지극히 맑고 밝게 비치어서 청정합니다.

설사 맑은 물도 저 법신에는 묻지를 못합니다. 또한 먼지와 오물도 몸에는 감히 붙지를 못합니다. 그러므로 몸에 걸친 보의寶衣도 두 치 이상 떠 있습니다.

13 세존의 이와 같은 32상相과 80종호種好는 일반 대성중의 32상과 80종호와는 판이하게 다

룹니다. 제불 세존의 법신은 모두가 여래묘각
의 빛의 장엄입니다.

그러므로 이 모두는 다 보이는 듯 아니 보
이는 듯 합니다.

그러나 부처님의 참 모습인 실상實相은 아무
것도 없는 무상지상無相之相일 뿐입니다.

이와 같은 실상實相은 온갖 색이 아니며 저
있는 모습은 다 눈에 보이는 것이고 모습이
없는 모습이 참 모습입니다. 중생의 참 모습
인 실상도 또한 그러합니다.

세존께서 거룩한 상호를 이렇게 나타내어
보이심은 일체 모든 중생들로 하여금 눈으로
보게 하여 스스로들 경배하는 마음을 일으키
게 하시려는 방편입니다.

저 중생들로 하여금 세존의 거룩한 상호를
보게 함으로써 저들이 은근히 사모하는 연모
의 정을 품게 하기 위한 최선의 방편입니다.

그러므로 세존은 일찍이 스스로 높다 하는 중생심을 이미 다 소멸시켜 버리셨습니다.

그러므로 오늘날 이와 같은 묘한 몸매를 두루 다 갖추시게 되었나이다.

14   저희들 8만 대중들은 모두 함께 머리 숙여 경배합니다. 이미 느끼고 생각하는 식심을 잘 조복하신 세존님께 절하옵니다.

코끼리와 말을 잘 길들이시는 조어사와 같이 그 어디에도 집착이 없으신 거룩한 세존님께 귀의합니다.

계·정·혜·해탈지견으로 결정된 청정한 법신 앞에 엎드려 모두 함께 머리 숙여 절하옵니다. 사대로 된 색신에도 귀의하옵니다.

머리 숙여 말과 생각으로는 도저히 미칠 수가 없는 세존님께 귀의합니다.

맑은 음성은 우레와 같고 여덟 가지로 울려

퍼지는 미묘하고도 청정한 범음梵音은 심히 깊
고 아득하여서 멀리 들려옵니다.

사제四諦 육도六度 십이인연因緣에 얽매인 중
생들의 마음의 성질에 따라서 법음을 굴리시
니 듣는 이는 모두가 마음과 생각하는 뜻이
활짝 열리옵니다.

그러므로 한량없는 삶과 죽음의 뭇 매듭이
끊어지고 어떤 이는 듣고서 혹은 수다원·사다
함·아나함·아라한과와 번뇌 없고 더할 바 없
는 연각처와 나지도 않고 죽지도 않는 무생법
인의 보살지를 얻으며, 혹은 한량없는 다라니
와 걸림 없이 말을 잘하는 변재를 얻어서 심히
깊고도 미묘한 게송을 연설하면서 법의 맑은
연못에 모두 함께 노닐면서 목욕을 하나이다.

혹은 뛰고 날아서 신족을 나타내고 물과 불
에 들고 나오되 그 몸이 걸림이 없어서 자재
하나이다. 이와 같은 법륜을 굴리시는 모습과

이와 같이 청정하기가 짝이 없어서 말과 생각
으론 미칠 수가 없나이다.

저희들은 모두 다시 함께 머리 숙여 법륜을
때를 잘 맞추시어 굴리심에 귀의합니다.

머리 숙여 맑은 음성에 귀의합니다.

머리 숙여 사제법과 십이인연법과 육바라
밀에 귀의합니다.

15　세존께서는 지나간 옛적 한량없는 겁에 무
진 애를 써 가며 부지런히 많은 덕행을 쌓고
익히시어 오늘날 저희들 같은 사람과 하늘,
용, 신들의 왕이 되시어 널리 모든 중생을 깨
우쳐 주시고 실행케 해 주시옵니다.

짐짓 버리기 어려운 모든 재물과 보배와 처
자와 나라의 성을 다 버리시었고 법을 위하여
안팎으로 아끼신 바가 하나도 없어서 자신의
머리와 눈, 골수 모두를 사람들에게 다 보시

하시었나이다.

모든 부처님의 청정한 계를 다 받들어 가지
되 목숨을 버릴지라도 계를 파하거나 계를 다
치게 하지 않으시었고 어떤 사람이 칼과 몽둥
이로 해를 끼치고 나쁜 말로 꾸짖고 욕을 하
여도 끝내 악한 성질을 내지 않았습니다.

여러 겁에 온몸이 다 부서지더라도 게으르
지 아니하시었고 밤낮으로 몸과 마음을 바로
잡아 항상 고요한 선정에 계시었습니다.

모든 도법을 두루 배워 익히시어서 지혜는
깊이 중생의 근기에 다 드셨나이다.

이런 까닭으로 지금 자재력을 얻으시어 법
에 자유자재한 법왕이 되셨나이다.

저희는 다시 모두 함께 머리를 숙여 절하옵
니다. 어떤 경우에라도 모든 어려움을 남에게
는 감추시고 은밀히 홀로 최선을 다하시었음
에 귀의합니다."

제이 설법픔

16   그때에 대장엄보살마하살이 팔만 보살마하살과 함께 더불어 부처님을 칭양 찬탄하는 게송을 설해 마치고 부처님 앞으로 나아가 모두 함께 부처님께 여쭈었습니다.

"세존이시여, 저희들 팔만 보살대중은 지금 여래의 법 가운데서 묻고자 하는 바가 있습니다. 분명치 못한 바가 있어서 마음에 거리끼옵니다. 세존이시여, 저희들을 불쌍히 생각하시어 들어주시지 않겠습니까?"

17   부처님께서 대장엄보살과 팔만 보살들에게 말씀하셨습니다.

"착하고 착하도다. 선남자야, 너희들이 때를 잘 알았구나. 너희들의 생각대로 물을지니라. 여래는 오래지 않아 마땅히 무여無餘 열반

을 하리니 내가 열반한 뒤에 널리 모두로 하
여금 다시 조금도 의심이 없게 하리라. 무엇
을 묻고자 하느냐? 곧 말을 해 보아라."

18   이때 대장엄보살이 팔만 보살과 함께 곧 같
은 소리로 부처님께 여쭈었습니다.

  "세존이시여, 보살마하살이 아뇩다라삼먁
삼보리를 속히 이루어 얻고자 하면 마땅히 어
떠한 법문을 닦고 행하여야 하겠습니까?
  어떠한 법문이 충분히 보살마하살로 하여
금 빨리 아뇩다라삼먁삼보리를 이루게 하겠
나이까?"

19   부처님께서 대장엄보살과 팔만 보살들에게
말씀하셨습니다.

"선남자야, 여기에 한 법문이 있으니 보살들로 하여금 속히 아뇩다라삼먁삼보리를 얻게 하리라. 어떤 보살이든지 이 법문을 배우고 익히는 이는 곧 아뇩다라삼먁삼보리를 빨리 얻게 되리라."

"세존이시여, 그 법문의 이름은 무엇이며 그 내용은 어떠 하옵고 보살이 어떻게 닦고 행하여야 하나이까?"

20   부처님께서 이르시었습니다.

"선남자야, 이 한 법문의 이름은 무량의라 하느니라. 보살이 만약 무량의를 닦고 배워서 바른 깨달음을 얻고자 하거든, 마땅히 일체의 모든 법은 본래부터 지금에 이르기까지 그 성품과 모습이 텅 비고 고요하여 큰 것도 없고 작은 것도 없으며, 나는 것도 없고 없어지는 것도 없으며, 어디에 머무르지도 않고 움직이지도 않으며, 나아가지도 않고 물러나지도 않으며, 마치 저 허공과 같아서 두 가지 법이 있을 수가 없음을 잘 살필지니라.

그러나 모든 중생들은 허망하게 없는 것을 있다고 거꾸로 분별을 하고 있다. 그러므로 이것이다 저것이다, 얻었다 잃었다 하느니라. 이렇게 잘못된 분별을 일으켜서 여러 가지 악업을 짓고 지옥·아귀·축생·인간·아수라·천상인 여섯 가지 갈래, 육취六趣에 윤회하면서 온갖 업을 지어서 한량없는 억겁 동안 스스로 혹독한 고통에서 빠져서 나오지를 못하느니라.

보살마하살들은 육취 중생이 여섯 갈래로 윤회함이 이와 같음을 자세히 관찰해 보고 저 중생들을 불쌍히 여기는 마음을 내어야 하느니라.

그러므로 큰 자비심을 일으켜서 앞으로 저들을 다 구해 내고자 하면 또 다시 일체의 모든 법의 실상實相에 깊이 들어가야 하느니라. 법의 실상實相은 상이 없는 상, 무상지상이므로 이와 같은 법을 낳고 법의 실상이 이와 같아서 이와 같은 법에 머무르게 하느니라. 또한 법의 실상이 이와 같아서 이와 같은 법을 다르게 하고, 법의 실상이 이와 같아서 이와 같은 법을 없어지게 하느니라.

법의 실상이 이와 같아서 능히 악한 법을 낳게 하고 법의 실상이 이와 같아서 능히 선善한 법을 낳게 하므로 그렇게 머무르고 달라지며, 없어지는 것도 또한 다시 이와 같으니라.

보살은 이와 같이 네 가지로 변천하는 사상四相을 처음과 끝을 잘 살펴보고 모든 법을 두루 알고 난 뒤에는 다시 일체의 모든 법이 생각 생각에 머무르지 아니하고, 새롭고 새롭게 나고 없어짐을 잘 살피고, 다시 곧 나고(生) 머무르고(住) 달라지고(異) 없어짐(滅)을 잘 관찰할지니라.

21 이와 같이 관찰하고 나서는 중생들의 모든 근기와 성품과 바라는 욕심 속에 들어가야 한다. 중생의 성품과 바라는 욕심이 한량없는 까닭에 설법도 또한 한량이 없고 설법이 한량없는 까닭에 뜻도 또한 한량이 없느니라. 그러므로 무량의無量義라 하느니라.

무량의는 하나의 법에서 나왔으며 그 하나의 법은 곧 모습이 없는 모습, 무상無相이니라. 이와 같은 무상無相은 그 어떤 모양도 아니다. 그러므로 이를 실상實相이라 이름 하느니라.

보살마하살은 이와 같은 진실한 실상에 편안히 머물고 나서 마음을 일으키는 자비는 참되고 진실하다. 그렇게 밝게 살피기 때문에

헛되지 않아 중생들의 괴로움을 충분히 뽑아
주느니라. 이와 같이 괴로움을 이미 뽑아주고
나서는 다시 그들을 위해 설법을 해서 모든
중생들로 하여금 영원한 즐거움을 얻게 하느
니라.

선남자야, 만일 보살이 능히 이와 같이 하나
의 법문인 무량의를 닦는다면 반드시 아뇩다
라삼먁삼보리가 속히 성취되느니라.

선남자야, 이와 같이 심히 깊고 위없는 대승
의 『무량의경』은 글의 이치가 참되고 옳으며,
존귀함이 이에 더할 바가 없느니라.

삼세의 모든 부처님께서 함께 지키고 보호
하시는 바이므로 여러 마와 뭇 외도가 감히
실상의 무량의로는 들어오지를 못하며, 또한
일체의 옳지 못한 생각과 삶과 죽음이 감히
실상의 뜻을 무너뜨리지 못하느니라.

이러한 까닭에 선남자야, 보살마하살이 만

일 위없는 보리를 빨리 이루고자 한다면 마땅히 이와 같이 심히 깊고 위없는 대승의 『무량의경』을 닦고 배울지니라.”

22 그때 대장엄보살이 다시 부처님께 여쭈었습니다.

“세존이시여, 세존의 설법은 불가사의하옵고 중생의 근기와 성품도 또한 불가사의하오며, 해탈 법문 또한 불가사의하옵니다.
저희들은 부처님께서 설하신 모든 법문에는 다시 의혹이 없사오나, 그러나 모든 중생들은 미혹한 마음을 내는 까닭에 다시 거듭 세존께 묻습니다. 여래께서 도를 얻으신 뒤로 40여 년 동안 항상 중생을 위하여 모든 진리가 네 가지 모습으로 나고(生), 머물고(住), 변하고(異), 소멸(滅)한다는 이치와 괴롭고 공하고 무상하고 내가 없음의 이치와 큰 것도 없고 작은 것도 없으며, 나는 것도 없고 없어지는 것도 없어서 하나의 실상은 상 없는 상, 곧 무상지상無相之相이라면 진리의 본래 성품은 애초에 비고 고요하여서 오지도 않고 가지도 않으며, 나오지도 않고 들어가지도 아니 합니다.

만일 이와 같은 실상의 법문을 듣는 수행자들이 혹 사제법四諦法인 고집멸도苦集滅道와 십육 행상行商을 관하는 난법煖法과 몸으로 행하는 선 가운데 최선인 정법頂法과 샘이 있는 지혜 유루지有漏智의 최극最極인 세제일법世第一法과 수다원과와 사다함과와 아나함과 아라한과 벽지불의 도를 얻고 다시 육바라밀의 보리심을 일으켜서 등각의 초지인 제1지, 제2·제3지에서 제10지까지 오른다고 세존께서는 늘 연설을 하셨습니다. 이렇게 말씀하신 지난날의 모든 설법의 의미와 지금 말씀하시는 실상

實相의 무량의 법문의 뜻하고는 과연 어떤 차이가 있습니까?

실로 심히 깊고 위없는 대승의 『무량의경』을 보살들이 닦고 행한다면 반드시 빨리 위없는 보리를 이루어 얻는다고 말씀을 하셨습니다.

그러면 전에 40여 년 동안 연설하신 그 법문과 지금 실상의 무량의 법문하고는 과연 어떤 차이가 있으며 저희들이 어떻게 이해를 하면 좋겠습니까?

오직 바라옵건대 세존이시여, 저희들을 불쌍히 생각하시고 저희들의 의문을 분별하시어서 두루 널리 깨우쳐 주소서.

만일 현재와 미래 세상에서 지금 설하시는 이 실상의 법문을 듣는 이로 하여금 조금이라도 의심의 그물에 걸리지 않게 하시옵소서.”

23   이때에 부처님께서 대장엄보살을 칭찬하시면서 말씀하셨습니다.

　"착하고 착하도다, 대선남자야. 네가 여래에게 좋은 질문을 하였구나. 물음과 같이 심히 깊고 위없는 대승의 미묘한 뜻을 물었구나.
　마땅히 잘 들을지니라. 너희들은 이익되는 바가 많으리라. 네가 물은 질문은 사람과 하늘을 안락하게 하고 모든 괴로움을 뽑아 줄 것이다. 진실로 큰 자비로다. 누구에게나 믿음을 주고 또한 꾸밈이 없어서 헛되지 아니하리라. 이러한 인연으로 너희는 반드시 빨리 위없는 보리를 성취하리라. 또한 지금 세상이나 오는 세상에 일체의 모든 중생으로 하여금 위없는 보리를 이루어 얻게 하리라.

24   선남자야, 내가 스스로 출가해서 도량의 보

리수 아래 앉아 6년만에 아뇩다라삼먁삼보리를 성취하였다. 성불을 하고 나서 부처님의 눈으로 일체의 모든 법을 관찰해 보니 말로는 어떻게도 다 말할 수가 없었다.

어째서 그러냐 하면 모든 중생들의 성품이 각각 달라서 바라는 욕심이 또한 같지 않았기 때문이니라. 바라는 욕심의 성품이 같지 아니하므로 가지가지로 법을 설할 수밖에 없었느니라.

다양하게 법을 설하되 여러 가지 방편의 힘으로써 법을 설하였으나 40여 년 동안 아직까지 그 진실한 실상의 무량의를 설하지는 못했느니라. 이런 까닭으로 중생들이 도를 얻음에도 차별이 있어서 위없는 깨달음인 아뇩다라삼먁삼보리를 이루지 못했느니라.

25 선남자야, 그 까닭을 비유해 보면 물은 충분

히 더러운 때를 다 씻어 준다는 점에서는 똑같다. 혹은 샘물이거나 혹은 못물이거나 혹은 강물이거나 시냇물이거나 개울물이거나 큰 바다의 물은 모두 다 충분히 모든 더러운 때를 씻는 것처럼 저 불법의 물도 또한 그와 같으니라. 그래서 충분히 중생의 모든 번뇌의 때를 씻어 준다. 그러나 선남자야, 물의 성품은 모든 더러운 때를 씻기는 하지만 강과 샘과 못과 시내와 개울과 큰 바다는 각각 차별이 있어서 물의 성질은 다르니라. 이 불법의 성품도 또한 물과 같아서 번뇌인 진로塵勞를 씻어 없애는 데는 똑같아서 차별이 없지만 삼법三法인 난법暖法·정법頂法·세제일법世第一法과 사과四果인 수다원·사다함·아나함·아라한과와 이도二道인 아라한·벽지불은 하나가 아니니라.

선남자야, 물은 비록 더러운 때는 다 씻을

수는 있으나 샘은 못이 아니고 못은 강이 아니며, 시내와 개울은 바다가 아니니라. 그러나 세상의 영웅이신 여래 세존은 만법에 자재하시므로 설하신바 모든 법도 저 물의 비유와 같아서 처음과 중간과 뒤에 설한 법은 다 중생들의 번뇌를 씻어 없애 준다는 점에서 다름이 없느니라.

그러나 처음은 중간이 아니요, 중간은 뒤가 아니어서 처음과 중간과 뒤에 설한 것이 비록 문장의 뜻은 하나이나 의미는 각각 다르니라.

선남자야, 내가 깨달음을 얻은 보리수나무 아래에서 일어나 처음 바라나의 녹야원으로 가서 아야 교진여 등 다섯 비구를 위하여 사제법을 굴릴 때에도 실은 모든 법이 애초부터 텅 비고 고요하지만 세계의 현상은 끊임없이 바뀌면서 잠시도 머무르지를 아니하여서 생각 생각에 만법이 나고 없어진다고 설하였느니라. 중간에 이곳과 또 다른 곳에서도 모든 비구와 더불어 많은 보살을 위하여 십이인연법과 육바라밀을 알기 쉽게 설명하고 선설하였다. 이 또한 모든 법은 애초부터 비고 고요하지만 끊임없이 바뀌어 머무르지를 아니하므로 생각 생각에 나고 없어진다고 설하였느니라.

지금 다시 여기서 대승의 『무량의경』을 연설함에 있어서도 또한 모든 법이 애초부터 비고 고요하지만 끊임없이 바뀌어 머무르지 아니하며 생각 생각에 나고 없어진다고 설하느니라.

26 선남자야, 이런 까닭에 처음에 설한 것과 중간에 설한 것과 뒤에 설한 것이 근본 실상은 하나일지라도 의미는 서로 다르니라.

의미(意)와 뜻(義)이 다른 까닭에 중생이 분

별하고 생각하는 이해가 다르고, 이해가 다른 까닭에 얻는 법과 얻는 과와 얻는 도道도 또한 다르니라.

선남자야, 처음에 사제법을 설한 것은 성문을 구하는 사람을 위해서 설했더니 8억의 모든 하늘 사람들이 내려와서 법을 듣고 보리심을 일으켰다. 그리고 중간에 여러 곳에서 심히 깊은 십이인연의 연기설을 벽지불을 구하는 사람들을 위하여 설하였더니 한량없는 중생이 보리심을 일으키고 혹은 성문에 머물기도 했느니라.

다음에 방등의 12부경과 마하반야와 화엄 해운은 보살을 위하여 설했다. 성불하자면 한량없는 겁이 지나도록 수행을 해야 함을 연설하였더니, 백천의 비구와 만억의 사람과 하늘의 한량없는 중생이 수다원·사다함·아나함·아라한과를 얻고 벽지불의 인연법 가운데 머물기도 했느니라.

선남자야, 이러한 뜻이 있는 까닭으로 비록 말은 같으나 뜻은 서로 다르다. 이렇게 서로 의미가 다른 차원이 있음을 알아야 하느니라.

또한 뜻이 다른 까닭에 중생의 이해가 다르고 이해가 다른 까닭에 얻는 법과 얻는 과와 얻는 도道도 또한 다르니라.

이런 까닭으로 선남자야, 내가 도를 얻고 처음에 일어나서 법을 설함으로부터 오늘 대승의 『무량의경』을 연설함에 이르기까지 고苦·공空·무상無常·무아無我가 참된 것도 아니고 거짓도 아니며, 크지도 않고 작지도 않으며, 애초에 나지도 않고 지금도 또한 없어지지도 않는다. 다만 평등하여 차별이 없는 하나의 모습 일상一相이니라.

일상一相은 곧 모든 집착을 떠난 모습인 상 없는 상, 무상無相이니라. 이렇게 모든 법은 본래로 가지고 있는 본질의 모습인 법상法相과 진실로 불변하는 본성품인 법성法性은 언제나 오지도 않고 가지도 않는 것이다. 그러나 중생들에게 있어서는 항상 나고(生), 머물고(住), 변하고(異), 멸(滅)하는 모습인 사상四相을 항상 보고 있으므로 나도 그렇게 사상으로 옮겨진다고 말을 하지 않은 적이 없었느니라.

27 선남자야, 이러한 뜻이 있는 까닭에 모든 부처님께서는 두 가지 말씀이 없다.

가능한 한 음성으로써 널리 뭇 물음에 대답을 했다. 또한 가능한 한 몸으로써 백천만억 나유타의 한량없고 수없는 항하사의 몸을 나타내어 보이느니라.

또 하나 하나의 몸 가운데서, 또한 수없는 백천만억 나유타 아승기 항하사의 여러 가지 종류의 모양을 보이며, 하나하나의 모양 가운데서 또한 약간의 백천만억 나유타 아승기 항하사의 모양을 보이느니라.

선남자야, 이것이 곧 모든 부처님의 불가사의하고 심히 깊은 경계이니라. 성문·벽지불인 이승二乘도 알지 못하고 또한 십주十住 보살도 미칠 바가 아니니라.

오직 부처님과 부처님들만이 이를 충분히 이해하시고 서로 알고 계시느니라.

선남자야, 이런 까닭으로 내가 말하노니 미묘하고 심히 깊고 위없는 대승의 『무량의경』은 글의 이치가 참되고 옳다. 그러므로 존귀함이 이보다 더한 경經은 없느니라.

삼세의 모든 부처님께서 함께 지키시고 보호하시는 『무량의경無量義經』이니 여러 마와 외도는 감히 들어오지를 못한다. 그리고 일체의 옳지 못한 생각과 삶과 죽음도 이 무량의 경의 진리를 파괴하지 못하느니라.

보살마하살이 만일 속히 위없는 보리를 이루고자 한다면, 마땅히 이와 같이 심히 깊고 위없는 대승의 『무량의경』을 배워 익혀서 그대로 수행할지니라."

28   부처님께서 이『무량의경』을 설하여 마치시자 이때에 삼천대천세계는 여섯 가지로 진동을 하면서 흔들렸고 공중에서는 자연히 여러 종류의 꽃이 비오듯이 내렸습니다.

하늘의 우발라꽃, 발담마꽃, 구물두꽃, 분타리꽃이 비오듯이 내리었고, 또 수없는 가지가지 하늘의 향과 하늘의 옷과 하늘의 영락과 값으로 칠 수도 없는 하늘의 보배가 비오듯이 내리는데 공중에서 빙글 빙글 돌면서 내려와서는 부처님과 모든 보살과 성문대중에게 받들어 올렸습니다.

하늘의 부엌에서 하늘의 발우에다가 하늘

의 백 가지 음식을 가득히 넘치게 담았으며,
그리고 하늘의 깃대에 하늘의 깃발을 달고 하
늘의 양산에 하늘의 묘한 악구들을 곳곳에다
가 잘 배설을 해놓고 부처님을 찬탄하는 노래
를 불렀습니다.

또 다시 동방 항하사 세계의 모든 부처님
세계도 여섯 가지로 진동을 하면서 또한 하
늘의 꽃, 하늘의 향, 하늘의 옷, 하늘의 영락
과 값으로 칠 수도 없는 하늘 보배가 비오듯
이 내리었고, 하늘의 부엌에 하늘 발우 그릇
에는 하늘의 백 가지 음식을 가득히 담아 넘
쳤으며, 또한 하늘의 깃대에다가 하늘의 깃발
을 달고 하늘의 양산과 하늘의 묘한 악구를
사방에 배설해 놓고 하늘의 음악을 연주를 해
서 부처님과 보살과 성문 대중을 찬탄하는 노
래를 불렀습니다.

동·서·남·북방과 사유四維인 서북·서남·동

북·동남의 각 방위의 제불세계도 또한 이와 같았습니다.

29 이때 대중 가운데 3만2천의 보살마하살은 무량의삼매를 얻었고, 3만4천의 보살마하살은 수없고 한량없는 다라니문을 얻어서 삼세 제불의 물러남이 없는 법륜을 굴리었습니다.

저 모든 비구·비구니와 우바새·우바이와 하늘·용·야차·건달바·아수라·가루라·긴나라·마후라가와 대전륜왕·소전륜왕과 은륜·철륜의 모든 전륜왕과 국왕·왕자·대신·백성·선비·국녀·나라의 큰 장자와 그리고 모든 권속 백천 대중들이 세존께서 설하시는 『무량의경』을 듣고는 혹은 모든 고통은 집착에서 생기므로 집착을 멸하는 것이 참 도라는 고·집·멸·도의 사성제四聖諦를 깨닫고, 또한 16관법인 난법暖法과 최상의 선법인 정법頂法과 세간에서 제일가는 법이라 이름하는 세제일법世第一法을 깨달았으며 혹은 수다원과와 사다함과와 아나함과와 아라한과와 벽지불과를 얻고 또는 보살의 무생법인을 얻었습니다.

또는 한 가지의 다라니를 얻고 또는 두 가지의 다라니를 얻었으며, 또는 세 가지의 다라니를 얻고 또는 네 가지의 다라니와 다섯, 여섯, 일곱, 여덟, 아홉, 열의 다라니를 얻고 또한 백천만억의 다라니를 얻고 또는 한량없고 수없는 항하사 아승기의 다라니를 얻고는 모두가 물러나지 않는 법륜을 굴리었으며, 한량없는 중생들이 아뇩다라삼먁삼보리의 마음을 내었습니다.

제삼 십공덕품

30 그때에 대장엄보살마하살이 다시 부처님께
여쭈었습니다.

"세존이시여, 세존께서 이 미묘하고도 심히
깊은 위없는 대승의 『무량의경』을 설하시오니
진실로 심히 깊고 심히 깊나이다.

어째서 그러냐 하면, 이 대중 가운데 모든
보살마하살과 그리고 모든 비구, 비구니, 우바
새, 우바이와 하늘·용·귀신과 국왕·신하·백성
의 모든 중생들이 이 심히 깊고도 위없는 대승
의 『무량의경』을 듣고 모든 다라니문과 색계
초선천에 있는 범중의 범부와 대범과 수다원·
사다함·아나함·아라한들이 깨달음을 얻지 아
니 한 이가 하나도 없기 때문입니다.

이 실상법문實相法門은 그 글의 이치가 진정
하고 존귀함이 이 위에 더 지남이 없습니다. 삼
세의 모든 부처님께서 지키고 보호하시는 바

입니다.

여러 마와 뭇 외도가 감히 들어올 수 없으며 온갖 옳지 못한 생각과 삶과 죽음이 이 실상 법문을 무너뜨릴 수가 없음을 잘 알겠습니다.

어째서 그러냐 하면 한 번만 이 실상實相 법문을 들어도 충분히 일체의 법을 가지게 되기 때문이옵고, 만일 어떤 중생이 이 경을 얻어 들으면 곧 큰 이익이 되고 만일 이 법을 닦고 행하면 결정코 속히 아뇩다라삼먁삼보리를 이루게 되기 때문이옵니다.

어떤 중생이 이 『무량의경』을 얻어 듣지 못한다면 마땅히 알아야 합니다. 이들은 큰 이익을 잃게 되고 한량없고 끝이 없는 불가사의 아승기겁을 지날지라도 마침내 아뇩다라삼먁삼보리를 이루지 못하기 때문이옵니다.

어째서 그러냐 하면 깨달음으로 가는 거룩

한 바른 길을 옳게 알지 못하기 때문입니다. 바로 알지 못하면 수행 중에 너무 어렵고 고난과 난관이 너무 많아서 깨달음이 늦어질 수가 있기 때문이옵니다.

세존이시여, 이 경전은 불가사의하오니 오직 바라옵건대 세존께서는 널리 대중을 위하여 불쌍히 생각하시고 이 경의 심히 깊고 부사의한 일을 알기 쉽게 자세히 설명하여 주옵소서. 세존이시여, 이 경전은 어디로부터 왔으며, 어디로 가며, 어디에서 머무나이까?

이와 같이 진실하고 한량없는 공덕과 부사의한 힘으로 중생들이 빨리 아뇩다라삼먁삼보리를 이룰 수가 있겠나이까?"

31　　그때 세존께서 대장엄보살마하살에게 이르시었습니다.

"옳다, 옳다, 선남자야. 그렇고 그러하니라. 그대가 말한 바와 같으니라.

선남자야, 내가 설하는 이 『무량의경』은 심히 깊고도 심히 깊으며 진실로 심히 깊으니라.

어째서 그러냐 하면 중생으로 하여금 속히 아뇩다라삼먁삼보리를 이루게 하는 까닭이며, 한번 들으면 능히 모든 법을 가지게 되는 까닭이며, 모든 중생을 크게 이익이 되게 하는 까닭이며, 훌륭하게 바른 길을 가는 데 늦어지는 어려움이 없게 하는 까닭이니라.

선남자야, 네가 이 『무량의경』이 어디로부터 왔으며, 어디로 가며, 어디에 가서 머무는지를 물었으니 마땅히 자세히 들을지니라.

32 선남자야, 이 『무량의경』은 애초에 모든 부처님의 집으로부터 와서 일체중생들이 보리

심을 일으키는 데로 가며 모든 보살이 행하는 곳에 가서 머무느니라.

선남자야, 이 『무량의경』은 이와 같이 와서 이와 같이 가고 이와 같이 머무느니라.

이런 까닭에 이 경은 이와 같은 한량없는 공덕과 부사의한 힘이 있어서 중생으로 하여금 속히 아뇩다라삼먁삼보리를 이루게 하느니라.

선남자야, 그대는 오히려 이 『무량의경』에 다시 열 가지 부사의한 공덕과 힘이 있음을 들어보겠느냐, 듣지 않겠느냐?”

대장엄보살이 여쭈었습니다.

“원하옵건대 기쁜 마음으로 즐거이 듣고자 하옵니다.”

33 부처님께서 말씀하셨습니다.

"선남자야, 첫 번째로 이 『무량의경』은 발심하지 못한 보살에게는 능히 보리심을 일으키게 하고, 인자함이 없는 이에게는 인자한 마음을 일으키게 하며, 죽이기를 좋아하는 이에게는 대비심을 일으키게 하고, 질투하는 이에게는 따라 기뻐하는 마음을 일으키게 하며, 애착이 있는 이에게는 능히 버리는 마음을 일으키게 하고, 모든 것을 아끼고 탐내는 이에게는 보시하는 마음을 일으키게 하며, 교만함이 많은 이에게는 자기를 낮추는 마음이 일어나게 하고, 화를 잘 내는 이에게는 마음속에서 치솟는 성질을 주시해 보는 관심법을 깨닫게 하고, 게으른 이에게는 정진하는 마음을 일으키게 하고, 모든 것이 산만해서 정신 집중이 잘 안 되는 이에게는 계율을 잘 지켜

서 고요한 선정의 마음이 일어나게 하며, 알
면서도 행치 못하는 어리석은 이에게는 지혜
의 마음을 일으키게 하고, 잘 제도되지 않는
이에게는 제도 받으려는 마음을 일으키게 하
고, 열 가지의 악을 저지르는 이에게는 열 가
지 착한 마음을 일으키게 하고, 필경에 없어
지는 부질없는 것을 즐기는 이에게는 영원한
깨달음의 보리심에 뜻을 두게 하고, 나태懶怠
한 마음이 있는 이에게는 새롭게 정진하려는
마음이 일어나게 하고, 새는 것이 있는 이에
게는 새는 것이 없는 마음을 일으키게 하며,
번뇌를 이기지 못하는 이에게는 번뇌를 소멸
시키는 관심법을 깨닫게 하느니라. 선남자야,
이것을 이름 하여 이 『무량의경』의 첫 번째
공덕의 부사의한 힘이라 하느니라.

34   선남자야, 두 번째로 이 경의 불가사의한 공

덕과 힘이라 하는 것은 만일 어떤 중생이 이
『무량의경』을 모두 읽거나 한 게송 또는 한
구절이라도 얻어 듣는다면 백천억의 뜻에 통
달하되 한량없는 무수겁에 받아 가진 법을 다
연설해도 다하지 못하는 것과 같으니라.

어째서 그러냐 하면 그것은 이 법의 뜻이
한량이 없는 까닭이니라.

선남자야, 이 경을 비유하면 하나의 종자
에서 백천만의 종자가 나오고 백천만의 종자
하나하나 가운데서 다시 백천만의 수가 나오
는 것과 같다. 이렇게 거듭 거듭하여 한량없
는 데에 이르게 되느니라. 이 경전도 또한 이
와 같아서 한 법문에서 백천의 뜻이 나오고
백천의 하나하나의 뜻 가운데서 다시 백천
만의 수를 내나니, 이렇게 거듭 거듭하여 또
한량없고 끝이 없는 뜻에 통달하게 되느니라.
이런 까닭으로 이 경의 이름을 무량의라 하

느니라.

선남자야, 이것을 이름 하여 이 『무량의경』의 두 번째 공덕이요 부사의한 힘이라 하느니라.

35 　선남자야, 세 번째 이 『무량의경』의 불가사의한 공덕과 힘이라 하는 것은 만일 어떤 중생이 이 『무량의경』을 모두 읽거나 한 게송 또는 한 구절이라도 듣는다면 백천만억의 뜻을 통달하게 되느니라. 비록 이 사람이 번뇌가 있을지라도 번뇌가 없음과 같으며 태어나고 죽어가는 생사 가운데서도 겁나고 두려운 생각이 없느니라. 모든 중생들을 불쌍히 생각하는 마음을 내고 일체의 법에 용맹하고 굳건한 힘을 얻느니라. 마치 힘이 센 역사가 모든 무거운 짐을 충분히 다 짊어지는 것과 같으니라.

이 『무량의경』을 가지는 사람도 또한 다시 이와 같아서 능히 무상보리의 무거운 보배를 짊어지고 중생을 안고서 삶과 죽음의 집에서 나오게 되느니라.

자신은 아직 제도되지 못하였을지라도 이미 저들을 충분히 제도할 수 있는 능력이 있는 것과 같으니라. 비록 자신은 깨달음을 얻지는 못했다손 치더라도 말이다.

비유를 들어서 이해를 도우면 다음과 같으니라. 한 뱃사공이 있었다. 그는 몸에 중한 병이 걸려서 사지의 거동이 매우 불편했다.

이렇게 몸이 자유롭지 못해서 이쪽 생사의 강 언덕에 머물러 있었다. 그러나 그에게는 좋고도 견고한 배가 하나 있었다.

그래서 그는 언제나 저 강을 건너려는 많은 사람들에게 자신의 배를 빌려주었다. 저들은 그 빌린 배로 이쪽 생사의 강 언덕에서 저쪽

열반의 강 언덕으로 편안히 잘 건너갈 수 있었느니라.

비록 자신은 깨닫지는 못했다 하더라도 남을 깨칠 수 있도록 한다는 좋은 비유이니라.

이 『무량의경』을 가지는 이도 또한 이와 꼭 같으니 비록 자신은 지옥·아귀·축생·인간·천상인 저 오도五道의 모든 것을 다 지닌 몸이다 보니 세상의 중생들이 앓는 무거운 병에 걸려 이렇게 세속 사람들과 똑같은 온갖 세상 고뇌에 얽히고 걸려서 저 중생 무명의 늙고 죽는 노사의 이쪽 언덕에 머물러 있다 할지라도 저 견고한 배와 같은 이 대승의 『무량의경』을 지니면 저 중생들을 모두 제도할 수 있는 능력을 갖춘 것과 같으니라.

그러므로 누구나 설함과 같이 수행을 하는 자는 생사의 고통을 받고 있는 중생들을 다 제도할 수 있는 능력을 얻느니라.

선남자야, 이것을 이름 하여 이 경의 세 번째 공덕이며, 부사의한 힘이라 하느니라.

36 선남자야, 네 번째로 이 경의 불가사의한 공덕과 힘이라 하는 것은 만일 어떤 중생이 이 경을 모두 읽거나 한 게송 또는 한 구절이라도 듣는다면 용맹하고 굳센 생각을 얻어, 비록 스스로는 제도되지 못하였을지라도 충분히 다른 사람을 제도하고 모든 보살과 더불어 한 권속이 되며, 모든 부처님 여래께서 항상 이 사람을 향하여 법을 설해 주시느니라.

이 사람이 제불의 설법을 듣고는 능히 모두 받아 가지고 가르침에 따라 순종하는 중생을 만나면 그들을 위하여 마땅함을 따라 널리 설하느니라.

선남자야, 이 사람이 얻어 가진 위신력을 비유해 보면 한 나라의 국왕과 부인이 왕자를 새로 낳았음과 같다. 혹은 하루 혹은 이틀 혹은 이레에 이르고, 혹은 한 달, 두 달, 혹은 일곱 달에 이르며, 혹은 한 살 혹은 두 살 혹은 일곱 살에 이르되, 비록 어려서 아직은 나라 일을 맡아서 스스로 다스리지는 못할지라도 이미 신하와 백성들이 왕자를 높이 받들고 공경하는 바이기 때문에 모든 다른 나라의 대왕의 왕자들과 같이 동무가 되고 친구가 되느니라. 아울러 저 왕과 왕의 부인은 항상 왕자를 사랑하고 아끼는 연민의 정을 다 기울이면서 언제나 어린 왕자와 같이 정담을 나누느니라.

어째서 그러냐 하면, 아직은 왕자가 어리기 때문이니라.

선남자야, 이 『무량의경』을 가지는 사람도 또한 이와 같아서 모든 부처님은 국왕이요, 이 경은 부인이라 왕과 부인이 화합을 해서 함께 아들인 보살을 낳느니라. 만일 이 보살이 이 경을 혹은 한 구절이나 혹은 한 게송이나 혹은 모두 한 번을 읽는다거나 혹은 두 번을 읽거나 혹은 열, 혹은 백, 혹은 천, 혹은 만, 혹은 억, 혹은 만억, 혹은 항하사와 같이 한량없고 수없이 읽는다면, 비록 깨달음의 극치는 몸소 성취하지 못해서 아직은 삼천대천 국토를 진동시키고 흔들고 떨치며 우레와 같은 범음으로 큰 법륜을 마음대로 굴리지는 못한다 할지라도 이미 일체의 비구·비구니·우바새·우바이인 사부대중과 사천왕과 그에 딸린 팔부신중들이 높이 다 받들고 우러러 보는 바가 되기 때문에 모든 대보살들과 한 권속이 되느니라.

그러므로 모든 부처님의 비밀한 법에 깊이 들어가서 연설하는 바는 어김이 없고 틀림이 없으며 항상 모든 부처님께서 보호하고 염려하시는 바라 넘치는 사랑으로 감싸주시느니라.

이렇게 하심은 새로 배우는 어린이와 같은 까닭이니라.

선남자야, 이것을 이름 하여 이 경의 네 번째의 공덕이요 부사의한 힘이라 하느니라.

37   선남자야, 다섯 번째로 이 경의 불가사의한 공덕과 힘이라 하는 것은 만일 선남자 선여인이 부처님께서 세상에 계시거나 혹은 멸도하신 뒤에라도 그 어떤 이가 이와 같이 심히 깊고 위없는 대승의 『무량의경』을 받아 가지고 읽고 외우며 옮겨 쓰면, 이 사람이 아직은 번뇌에 빠져 있으므로 모든 범부들의 소견에서 멀리 떠나지는 못하였을지라도, 큰 깨달음의 도를 나타내어 보이게 된다. 그러므로 충분히 하루를 늘려서 백 겁으로 만들고 백 겁을 또한 줄여서 하루로 만드느니라. 이러한 위신력이 있으므로 중생들로 하여금 모두 즐기고 기

뻐하여 믿고 따르게 하느니라.

선남자야, 이 선남자 선여인의 능력을 비유해 보면 용의 아들이 처음 태어난 지 칠 일만에 능히 구름을 일으키고 또한 비를 내림과 같으니라.

선남자여, 이것을 이름 하여 이 『무량의경』의 다섯 번째 공덕이요 부사의한 힘이라 하느니라.

38 선남자야, 여섯 번째로 이 경의 불가사의한 공덕과 힘이라 하는 것은, 만일 선남자 선여인이 부처님께서 세상에 계시거나, 혹은 멸도하신 뒤에라도 이 『무량의경』을 받아 가지고 읽고 외우는 이는 비록 번뇌를 두루 지니고 있을지라도 중생을 위하여 법을 설하면 번뇌와 생사를 멀리 떠나게 하고 일체의 모든 괴로움을 끊게 한다. 중생들이 듣고 나서는 그

대로 닦고 행하여 법을 얻고 과를 얻고 도를 얻게 하는 것이 부처님 여래와 똑같아서 차별이 없느니라. 비유하건대 왕자가 비록 나이는 어리고 몸은 작지만 만일 왕이 순찰을 하러 멀리 나가거나, 또는 질병이 들면 이 어린 왕자에게 국사를 맡겨서 다스리게 함과 같으니라.

왕자는 이때 대왕의 명에 의하여 법으로써 뭇 대신들과 모든 벼슬아치들을 다스리고 또한 명령을 내려서 바른 교화를 널리 펴서 나라의 백성들로 하여금 저마다 편안함을 누리게 함이 대왕의 다스림과 똑같아서 다름이 없느니라. 이『무량의경』을 가진 선남자 선여인도 이와 같아서 만일 부처님께서 세상에 계시거나 혹은 멸도하신 뒤에라도 이 선남자가 비록 보살 지위인 첫 일지에서 십지 가운데 여덟 번째 지위인 부동지不動地까지는 비록 얻지 못했지만 부처님께 의지하여 이와 같은 교법을 설하되 그 뜻을 알기 쉽고 자세히 깨닫도록 널리 펴면 중생들이 듣고 나서는 일심으로 닦고 행하므로 온갖 번뇌를 끊고 부처님의 법을 깨달아서 도과를 얻게 되느니라.

선남자야, 이것을 이름 하여 이『무량의경』의 여섯 번째 공덕이요 부사의한 힘이라 하느니라.

39 선남자야, 일곱 번째로 이 경의 불가사의한 공덕과 힘이라 하는 것은 만일 선남자 선여인이 부처님께서 세상에 계시거나 혹은 멸도하신 뒤에라도 이 경을 얻어 듣고 기뻐하면서 믿고 희유한 마음을 내어 받아 가지고 읽고 외우며, 옮겨 쓰고 해설하면서 법과 같이 닦고 보리심을 내어 모든 착한 선근을 행하면서 중생을 불쌍히 여기는 거룩한 마음으로 온

갖 고뇌하는 중생을 제도하고자 한다면 비록 이 사람이 육바라밀을 닦고 행하지는 못하였을지라도 육바라밀의 공덕력이 자연히 앞에 나타나서 곧 그 몸으로 무생법인을 얻고 삶과 죽음의 번뇌를 일시에 끊어 버리게 된다. 그러므로 곧 대보살의 지위인 제 칠지에 오르리라. 비유하건대 힘센 사람이 왕을 위하여 원수들을 다 항복을 시켰다. 이렇게 원수들을 다 항복을 받고 나면 왕이 크게 반기고 기뻐하면서 상을 주는데 나라의 절반을 그에게 주는 것과 같으니라.

이 『무량의경』을 가지는 선남자 선여인도 또한 이와 같아서 모든 수행을 하는 사람들 중에서 가장 용맹하고 굳세며 육바라밀법의 보배를 구하지 않아도 저절로 육바라밀의 법에 이르고, 삶과 죽음의 원수 같은 적이 자연히 소멸되어서 나고 죽음이 없는 무생법인을 증득하여서 부처님 나라의 절반을 상으로 받고는 자연히 안락하리라.

선남자야, 이것을 이름 하여 이 경의 일곱 번째 공덕이요 부사의한 힘이라 하느니라.

40 선남자야, 여덟 번째로 이 경의 불가사의한 공덕과 힘이라 하는 것은 만일 선남자 선여인이 부처님께서 세상에 계시거나, 혹은 멸도하신 뒤에라도 어떤 사람이 이『무량의경』을 충분히 잘 믿는 신행자를 보거든 그 사람을 부처님 몸을 친견함과 같이 존경하고, 또한 이『무량의경』을 깊은 마음으로 믿고 받아 가지면서 읽고 외우고 옮겨 쓰고 하였다. 또한 이 경을 머리 위에 이고 받들면서 법과 같이 행하되 계행과 인욕을 굳은 결심으로 지키면서 겸하여 보시를 행하고 깊은 마음으로 자비심을 일으켜서 위없는 대승의『무량의경』을 널

리 많은 사람들을 위하여 해설도 하였다. 이렇게 하였으나 혹 어떤 사람이 옛날부터 지금까지 지은 죄나 복이 실제로 있음을 도무지 믿지 아니 하거든 이 『무량의경』을 읽어 보이면서 가지가지로 좋은 방편을 베풀어 힘껏 교화해서 그로 하여금 죄와 복이 있음을 믿도록 해야 하느니라.

왜냐하면 이 『무량의경』의 위신력이 있는 까닭으로 그 사람이 갑자기 마음을 돌이키어 새롭게 발심을 하게 되기 때문이니라.

만약 이 사람이 발심을 하게 되면 스스로 용맹 정진을 하는 까닭에 충분히 이 경의 위신 공덕력을 얻어서 도를 얻고 과를 얻게 되느니라. 이렇게 선도한 선남자 선여인이 교화한 공덕으로 남자이거나 여자이거나 간에 곧 이 몸으로 무생법인을 얻어서 보살 지위의 상지上地에 이르게 되고 모든 보살과 함께 한

권속이 되어서 능히 중생을 빨리 성취시키고 동시에 부처님의 국토를 깨끗이 하리라. 그러므로 그는 오래지 않아 위없는 보리를 성취하리라.

선남자야, 이것을 이름하여 이 『무량의경』의 여덟 번째 공덕이요 부사의한 힘이라 하느니라.

41   선남자야, 아홉 번째로 이 경의 불가사의한 공덕과 힘이라 하는 것은 만일 선남자 선여인이 부처님이 세상에 계시거나, 또한 멸도하신 뒤에라도 이 경을 얻어 보고는 스스로 즐거워 기뻐 뛰며 아직까지 있어 본 적이 없는 희유한 일이라 하면서 받아 가지고 읽고 외우고 옮겨서 쓰고 공양하면서 두루 많은 사람을 위하여 이 경의 뜻을 분별하고 해설하는 이는 곧 전세의 업장과 남은 죄의 무거운 장애가

일시에 다 없어지는 영험을 하리라.

곧 청정함을 얻고 대변재를 얻어서 점차로 모든 바라밀을 장엄하고 모든 삼매와 수능엄 삼매를 얻어서 거룩한 총지문에 들어가 부지런히 정진하는 힘을 얻고 속히 높은 보살의 지위를 넘어가서 능히 자신의 한 몸이 수천만으로 변화된 화신이 시방 국토에 두루하게 되느니라. 그러므로 저 삼계 25유의 중생들이 받고 있는 모든 혹독한 고뇌를 다 건져내어 주고 그들을 모두 해탈케 해 주느니라.

이런 까닭으로 이 『무량의경』에는 이 같은 힘이 있나니 선남자야, 이것을 이름 하여 이 경의 아홉 번째 공덕이요 부사의한 힘이라 하느니라.

42　선남자야, 열 번째로 이 경의 불가사의한 공덕과 힘이라 하는 것은 만일 선남자 선여인이

혹은 부처님께서 세상에 계시거나, 또는 멸도 하신 뒤에라도 만일 이 경을 얻고서 한없이 즐거워서 기쁜 마음을 일으키고 희유한 생각을 내어 곧 스스로 받아 가지고 읽고 외우며, 옮겨 쓰고 공양을 드리면서 경의 말씀과 같이 닦고 행하고 또 다시 재가자나 출가한 사람에게도 널리 이 경전을 권하여 받아 가지고 읽고 외우며, 옮겨 쓰고 해설을 하고 공양을 올리면서 또한 법과 같이 닦고 행하게 하면, 벌써 이 사람은 다른 사람으로 하여금 이 『무량의경』을 닦고 행하도록 한 힘으로 말미암아 도를 얻고 과를 얻게 된다. 이것은 모두 선남자 선여인들로 하여금 사랑하는 마음과 정성스러운 마음으로 교화를 시킨 힘이니라.

그러므로 저 선남자 선여인은 곧 이 몸으로 한량없는 모든 다라니문에 곧 이르게 되느니라. 처음 범부의 지위에서 자연히 무수한 아승기의 넓고 큰 서원을 일으키고, 충분히 일체중생을 구원하려는 마음을 일으켜서 대비를 성취하였기 때문에 두루 널리 중생의 괴로움을 충분히 건져주고 선근을 두터이 쌓아 일체를 이익되게 하리라.

또한 『무량의경』의 가르침이 한량없는 이익이 있음을 설해서 메마른 중생들을 두루 널리 따뜻하게 보살펴 주면서 여러 가지 진리의 약(法藥)으로써 모든 중생에게 인정을 베풀어 줌으로써 모두를 편안하고 즐겁게 한다. 이렇게 하면 점점 불지로 뛰어올라 가서 마침내 법운지法雲地에 머무름을 보게 되리라.

부처님의 은혜로운 가르침으로 널리 만인들에게 행복한 마음을 주었으므로 모두가 그 가르침의 은혜를 입지 않는 이가 없을 것이다. 그러므로 괴로운 중생을 거두어 깨달음의 도의 자리에 들어가게 하느니라.

이런 까닭에 이 사람은 오래지 않아 아뇩다
라삼먁삼보리를 성취하게 되리라. 선남자야,
이것을 이름 하여 이 경의 열 번째 공덕이요
부사의한 힘이라 하느니라.

43   선남자야, 이와 같이 위없는 대승의 『무량
의경』은 지극히 거룩한 큰 위신력이 있다. 그
존귀함이 이 『무량의경』보다 더한 것이 없느
니라.

능히 모든 범부로 하여금 모두 성인의 과를
이루어 영원히 삶과 죽음을 여의게 하고 자재
함을 얻게 하느니라.

이런 까닭에 이 경의 이름을 '무량의'라 하느
니라.

충분히 일체중생으로 하여금 범부 지위에
서 모든 보살도의 한량없는 도의 싹이 나오게
하고, 공덕의 나무로 하여금 울창하고, 무성히

가지와 잎을 더욱 자라나게 하느니라.

　이런 까닭에 이 『무량의경』은 불가사의한 공덕과 힘이 있다고 하느니라.”

44　그때 대장엄보살마하살과 팔만 보살마하살이 같은 소리로 부처님께 여쭈었습니다.

　“세존이시여, 부처님께서 설하신 바와 같이 심히 깊고 미묘한 위없는 대승의 『무량의경』은 글의 이치가 진정하고 존귀함이 이보다 더한 것이 없사옵니다. 삼세의 모든 부처님께서 함께 지키고 보호를 하시어 많은 마와 뭇 외도는 들어올 수 없게 하시며, 온갖 옳지 못한 생각과 삶과 죽음이 이 경을 무너뜨리지 못하옵니다.

　이런 까닭에 이 『무량의경』에는 이와 같은 열 가지의 공덕과 부사의한 힘이 있나이다.

한량없는 일체중생을 크게 이익되게 하고, 일체 모든 보살마하살로 하여금 저마다 한량없는 삼매(無量義三昧)를 얻게 하며 혹은 백천 다라니문을 얻게 하고, 혹은 보살의 모든 경지와 모든 인욕을 얻게 하며, 혹은 연각과 소과인 수다원·사다함·아나함·아라한의 도과를 증득하게 하나이다.

세존께서는 저희들을 사랑하시고 불쌍히 여기시어 쾌히 이와 같은 법을 설하여 주셔서, 저희들로 하여금 법의 이익을 크게 얻게 하셨나이다. 심히 대견하시옵고 아직까지 있어 본 적이 없었습니다.

세존의 자비의 은덕은 실로 보답하기 어렵나이다."

45 이렇게 말을 마치자 그때 삼천대천세계는 여섯 가지 진동을 하였고 허공에서는 다시

가지가지의 하늘의 꽃인 우발라꽃, 발담마꽃,
구물두꽃과 분타리꽃이 비 오듯이 내리었습
니다.

또 수없는 가지가지 하늘의 향, 하늘의 옷,
하늘의 영락과 값으로 칠 수도 없는 하늘의
보배를 비내리듯이 하여 공중에서 빙글 빙글
돌며 내려와서는 부처님과 모든 보살과 성문
대중에게 공양을 하였습니다.

또 하늘의 부엌에서 하늘의 발우에다가 하
늘의 백 가지 음식을 가득히 담아 넘치니 그
빛을 보고 향기를 맡으면 저절로 배부르고 만
족하였습니다. 하늘 깃대에 하늘의 깃발을 달
고 하늘의 양산에 하늘의 미묘한 악기를 곳곳
에 배설해 두고는 하늘의 음악을 연주해서 부
처님을 찬탄하는 노래를 불렀습니다.

또 다시 동방 항하사 등의 모든 부처님 세
계도 여섯 가지로 진동을 하면서 흔들렸으며,

또한 하늘의 꽃, 하늘의 향, 하늘의 옷, 하늘
의 영락 등 값으로 칠 수가 없는 하늘 보배가
비 오듯이 내렸고, 하늘의 부엌에 하늘의 발
우 그릇에는 하늘의 백 가지 음식이 넘치니
그 빛을 보고 그 향기를 맡으면 저절로 배가
부르고 만족하였습니다. 하늘의 깃대, 하늘의
깃발, 하늘 수레를 덮은 양산과 하늘의 묘한
악기로 하늘 음악을 연주해서 부처님과 모든
보살과 성문 대중을 찬탄하는 노래를 불렀습
니다.

아울러 동서남북 사四방과 간방인 네 사四유
와 상방 하방에서도 또한 이와 같았습니다.

46   그때 부처님께서 대장엄보살마하살과 팔만
보살마하살에게 이르시었습니다.

"너희들은 마땅히 이 『무량의경』에 깊이 공

경하는 마음을 일으키고 법과 같이 닦고 행해서 널리 일체를 교화하되 정성스런 마음으로 세상에 널리 유포를 해야 하느니라.

마땅히 내가 높다는 교만심을 갖지 말고 항상 남 몰래 밤낮으로 『무량의경』을 지키고 보호해서 널리 중생들로 하여금 각각 법의 이익을 얻도록 할지니라.

너희들은 참으로 대자대비한 마음으로 신통한 원력을 세워서 이 『무량의경』을 지키고 보호해야 하느니라. 혹 저 중생들이 무슨 뜻인가를 잘 몰라서 의혹심을 품지 않게 하여라. 마땅히 오는 세상에 반드시 널리 염부제에 두루 펴서 일체중생들로 하여금 보고 듣고 읽고 외우며 옮겨 써서 공양을 올리도록 할지니라. 너희들이 그렇게 함으로써 속히 아뇩다라삼먁삼보리를 얻게 되리라.”

47   이때에 대장엄보살마하살이 팔만 보살마하
살들과 함께 곧 자리에서 일어나 부처님 앞으
로 나아가 머리를 조아려 세존의 발에 절하고
백천 번을 돌고는 곧 부처님 앞에서 무릎을
꿇고 앉아 함께 같은 소리로 세존께 여쭈었습
니다.

48   "세존이시여, 저희들은 부처님께서 사랑을
베푸시고 가엾게 여기심을 입었나이다. 저희
들을 위하여 이렇게 심히 깊고 미묘한 위없는
대승의 『무량의경』을 설해 주시니 공경하는
마음으로 부처님의 분부하심을 받들어 시행
하겠나이다.
　　여래께서 멸도하신 뒤에 말법시대에서 마
땅히 이 경전을 온 세상에 두루 널리 펴서 일
체중생들로 하여금 받아 가지고 읽고, 외우고
옮겨 쓰고 공양을 올리게 하겠습니다.

오직 바라옵건대 세존께서는 염려하지 마시옵소서. 저희들이 마땅히 큰 원력으로써 널리 일체중생으로 하여금 반드시 얻어 보고, 듣고, 읽고, 외우며, 옮겨 쓰고 공양을 하게 하여 이『무량의경』의 무량한 위신 공덕력을 얻게 하겠나이다.”

49   그때 부처님께서 칭찬하면서 말씀하시었습니다.

“장하고 장하도다. 옳은 말이다. 모든 선남자야, 그대들은 이제 부처님의 참된 아들이며, 대자대비로써 깊은 괴로움에 빠진 중생들을 충분히 구해 내는 자들이며 일체중생의 좋은 복전이며 널리 모두를 위하여 훌륭하게 이끌어 주는 자이니라.

그대들은 일체중생의 큰 의지처이며 일체

중생의 큰 시주자이니라. 마땅히 그대들은 항상 법의 무량한 이익을 가지고 널리 일체중생들에게 잘 베풀어 줄지니라.”

그때 대중들이 모두 너무 기뻐서 즐거워하면서 모두 부처님께 예배를 드리고 물러갔습니다.

끝

나무아미타불

우리말 해설
산성할아버지 설당
천명일 합장

무량의경
無 量 義 經

소제천축삼장담마가타야사역
蕭 齊 天 竺 三 藏 曇 摩 伽 陀 耶 舍 譯

무량의경 덕행품 제일
無量義經 德行品 第一

1 여시아문 일시불재 왕사성 기사굴산중
如是我聞 一時佛在 王舍城 耆闍崛山中

여대비구중 만이천인구
與大比丘衆 萬二千人俱

2 보살마하살팔만인 천룡 야차 건달바 아
菩薩摩訶薩八萬人 天龍 夜叉 乾闥婆 阿

수라 가루라 긴나라 마후라가 제비구 비
修羅 迦樓羅 緊那羅 摩睺羅伽 諸比丘 比

구니 급우바새 우바이구 대전륜왕 소전
丘尼 及優婆塞 優婆夷俱 大轉輪王 小轉

륜왕 금륜은륜 제륜지왕 국왕 왕자 국신
輪王 金輪銀輪 諸輪之王 國王 王子 國臣

국민 국사국녀 국대장자 각여권속 백천
國民 國士國女 國大長者 各與眷屬 百千

만수 이자위요 내예불소 두면예족 요백
萬數 而自圍遶 來詣佛所 頭面禮足 遶百

천잡 소향산화 종종공양 공양불이 퇴일
千匝 燒香散華 種種供養 供養佛已 退一

면좌
面坐

3 기보살명왈 문수사리법왕자 대위덕장법
其 菩 薩 名 曰　文 殊 師 利 法 王 子　大 威 德 藏 法

왕자 무우장법왕자 대변장법왕자 미륵보
王 子　無 憂 藏 法 王 子　大 辯 藏 法 王 子　彌 勒 菩

살 도수보살 약왕보살 약상보살 화당보
薩　導 首 菩 薩　藥 王 菩 薩　藥 上 菩 薩　花 幢 菩

살 화광당보살 다라니자재왕보살 관세음
薩　花 光 幢 菩 薩　陀 羅 尼 自 在 王 菩 薩　觀 世 音

보살 대세지보살 상정진보살 보인수보살
菩 薩　大 勢 至 菩 薩　常 精 進 菩 薩　寶 印 首 菩 薩

보적보살 보장보살 월삼계보살 비마발라
寶 積 菩 薩　寶 杖 菩 薩　越 三 界 菩 薩　毗 摩 跋 羅

보살 향상보살 대향상보살 사자후왕보살
菩 薩　香 象 菩 薩　大 香 象 菩 薩　師 子 吼 王 菩 薩

사자유희세보살 사자분신보살 사자정진
師 子 遊 戲 世 菩 薩　師 子 奮 迅 菩 薩　師 子 精 進

보살 용예력보살 사자위맹복보살 장엄보
菩 薩　勇 銳 力 菩 薩　師 子 威 猛 伏 菩 薩　莊 嚴 菩

살 대장엄보살 여시등보살마하살 팔만인
薩　大 莊 嚴 菩 薩　如 是 等 菩 薩 摩 訶 薩　八 萬 人

구
俱

4 시제보살 막불개시 법신대사 계 정 혜 해
是諸菩薩 莫不皆是 法身大士 戒 定 慧 解

탈 해탈지견 지소성취 기심선적 상재삼
脫 解脫知見 之所成就 其心禪寂 常在三

매 염안담파 무위무욕 전도난상 불부득
昧 恬安憺怕 無爲無欲 顚倒亂想 不復得

입 정적청징 지현허막 수지부동 억백천
入 靜寂淸澄 志玄虛漠 守之不動 億百千

겁 무량법문 실현재전 득대지혜 통달제
劫 無量法門 悉現在前 得大智慧 通達諸

법 효료분별 성상진실 유무장단 명현현
法 曉了分別 性相眞實 有無長短 明現顯

백 우능선지 제근성욕 이다라니 무애변
白 又能善知 諸根性欲 以陀羅尼 無礙辯

재 제불전법륜 수순능전 미제선타 이엄
才 諸佛轉法輪 隨順能轉 微渧先墮 以淹

욕진 개열반문 선해탈풍 제세열뇌 치법
欲塵 開涅槃門 扇解脫風 除世熱惱 致法

청량
淸涼

5 **차강심심 십이인연 용쇄무명 노병사등**
次降甚深 十二因緣 用灑無明 老病死等

맹성치연 고취일광 이내홍주 무상대승
猛盛熾然 苦聚日光 爾乃洪注 無上大乘

윤지중생 제유선근 포선종자 변공덕전
潤漬衆生 諸有善根 布善種子 遍功德田

보령일체 발보리맹
普令一切 發菩提萌

6 **지혜일월 방편시절 부소증장 대승사업**
智慧日月 方便時節 扶疏增長 大乘事業

영중질성 아뇩다라삼먁삼보리 상주쾌락
令衆疾成 阿耨多羅三藐三菩提 常住快樂

미묘진실 무량대비 구고중생
微妙真實 無量大悲 救苦衆生

7 **시제중생 진선지식 시제중생 대량복전**
是諸衆生 眞善知識 是諸衆生 大良福田

시제중생 불청지사 시제중생 안은락처
是諸衆生 不請之師 是諸衆生 安隱樂處

구처 호처 대의지처 처처위중 작대량도
救處 護處 大依止處 處處爲衆 作大良導

도사 능위생맹 이작안목 농의아자 작이
導師 能爲生盲 而作眼目 聾劓啞者 作耳

비설 제근훼결 능령구족 전광황란 작대
鼻舌 諸根毀缺 能令具足 顚狂荒亂 作大

정념 선사 대선사 운재군생 도생사하 치
正念 船師 大船師 運載群生 渡生死河 置

열반안 의왕 대의왕 분별병상 효료약성
涅槃岸 醫王 大醫王 分別病相 曉了藥性

수병수약 영중낙복 조어 대조어 무제방
隨病授藥 令衆樂服 調御 大調御 無諸放

일행 유여상마사 능조무부조 사자용맹
逸行 猶如象馬師 能調無不調 師子勇猛

위복중수 난가저괴
威伏衆獸 難可沮壞

8 유희보살 제바라밀 어여래지 견고부동
遊戲菩薩 諸波羅蜜 於如來地 堅固不動

안주원력 광정불국 불구득성 아뇩다라삼
安住願力 廣淨佛國 不久得成 阿耨多羅三

막삼보리 시제보살마하살 개유여사 부사

藐三菩提　是諸菩薩摩訶薩　皆有如斯　不思

의덕

議德

　기비구명왈 대지사리불 신통목건련 혜명

其比丘名曰　大智舍利弗　神通目揵連　慧命

수보리 마하가전연 미다라니자 부루나

須菩提　摩訶迦旃延　彌多羅尼子　富樓那

아야교진여등 천안아나율 지율우바리 시

阿若憍陳如等　天眼阿那律　持律憂波離　侍

자아난 불자라운 우바난타 이바다 겁빈

者阿難　佛子羅雲　憂波難陀　離婆多　劫賓

나 박구라 아주타 사가타 두타 대가섭 우

那　薄拘羅　阿周陀　莎伽陀　頭陀　大迦葉　憂

루빈나가섭 가야가섭 나제가섭 여시등비

樓頻螺迦葉　伽耶迦葉　那提迦葉　如是等比

구 만이천인 개아라한 진제결루 무부박

丘　萬二千人　皆阿羅漢　盡諸結漏　無復縛

착 진정해탈

著　眞正解脫

10

이시 대장엄보살마하살 변관중좌 각정의
爾時 大莊嚴菩薩摩訶薩 遍觀衆坐 各定意

이 여중중팔만보살마하살구 종좌이기 내
已 與衆中八萬菩薩摩訶薩俱 從坐而起 來

예불소 두면예족 요백천잡 소산천화천향
詣佛所 頭面禮足 遶百千匝 燒散天華天香

천의천영락 천무가보 종우공중 선전래하
天衣天瓔珞 天無價寶 從于空中 旋轉來下

사면운집 이헌어불 천주 천발기 천백미
四面雲集 而獻於佛 天廚 天缽器 天百味

충만영일 견색문향 자연포족 천당 천번
充滿盈溢 見色聞香 自然飽足 天幢 天幡

천헌개 천묘악구 처처안치 작천기악 오
天幰蓋 天妙樂具 處處安置 作天伎樂 娛

락어불 즉전호궤합장 일심구공동성 설게
樂於佛 即前胡跪合掌 一心俱共同聲 說偈

찬언
讚言

대재대오대성주 무구무염무소착
大哉大悟大聖主 無垢無染無所著

천인상마조어사　도풍덕향훈일체
天 人 象 馬 調 御 師　道 風 德 香 熏 一 切

지염정박려응정　의멸식망심역적
智 恬 情 泊 慮 凝 靜　意 滅 識 亡 心 亦 寂

영단몽망사상념　무부제대음계입
永 斷 夢 妄 思 想 念　無 復 諸 大 陰 界 入

기신비유역비무　비인비연비자타
其 身 非 有 亦 非 無　非 因 非 緣 非 自 他

비방비원비단장　비출비몰비생멸
非 方 非 圓 非 短 長　非 出 非 沒 非 生 滅

비조비기비위작　비좌비와비행주
非 造 非 起 非 爲 作　非 坐 非 臥 非 行 住

비동비전비한정　비진비퇴비안위
非 動 非 轉 非 閑 靜　非 進 非 退 非 安 危

비시비비비득실　비피비차비거래
非 是 非 非 非 得 失　非 彼 非 此 非 去 來

비청비황비적백　비홍비자종종색
非 靑 非 黃 非 赤 白　非 紅 非 紫 種 種 色

12　계정혜해지견생　삼명육통도품발
戒 定 慧 解 知 見 生　三 明 六 通 道 品 發

자비십력무외기 　중생선업인연출
慈悲十力無畏起 　衆生善業因緣出

시위장육자금휘 　방정조요심명철
示爲丈六紫金暉 　方整照曜甚明徹

호상월선항일광 　선발감청정육계
毫相月旋項日光 　旋髮紺青頂肉髻

정안명조상하순 　미첩감서방구협
淨眼明照上下眴 　眉睫紺舒方口頰

순설적호약단화 　백치사십유가설
脣舌赤好若丹華 　白齒四十猶珂雪

액광비수면문개 　흉표만자사자억
額廣鼻脩面門開 　胸表卍字師子臆

수족유연구천폭 　액장합만내외악
手足柔軟具千輻 　腋掌合縵內外握

비수주장지직섬 　피부세연모우선
臂脩肘長指直纖 　皮膚細軟毛右旋

과슬불현음마장 　세근쇄골녹박창
踝膝不現陰馬藏 　細筋鎖骨鹿膊腸

표리영철정무구 　정수막염불수진
表裏映徹淨無垢 　淨水莫染不受塵

13 여시등상삼십이　팔십종호사가견
如是等相三十二　八十種好似可見

이실무상비상색　일체유상안대절
而實無相非相色　一切有相眼對絕

무상지상유상신　중생신상상역연
無相之相有相身　衆生身相相亦然

능령중생환희례　투심표경성은근
能令衆生歡喜禮　投心表敬誠慇懃

인시자고아만제　성취여시묘색구
因是自高我慢除　成就如是妙色軀

14 아등팔만지등중　구공계수함귀명
我等八萬之等衆　俱共稽首咸歸命

선멸사상심의식　상마조어무착성
善滅思想心意識　象馬調御無著聖

계수귀의법색신　계정혜해지견취
稽首歸依法色身　戒定慧解知見聚

계수귀의묘종상　계수귀의난사의
稽首歸依妙種相　稽首歸依難思議

범음뇌진향팔종　미묘청정심심원
梵音雷震嚮八種　微妙清淨甚深遠

사제육도십이연   수순중생심업전
四諦六度十二緣   隨順衆生心業轉

유문막불심의개   무량생사중결단
有聞莫不心意開   無量生死衆結斷

유문혹득수다원   사다아나아라한
有聞或得須陀洹   斯陀阿那阿羅漢

무루무위연각처   무생무멸보살지
無漏無爲緣覺處   無生無滅菩薩地

혹득무량다라니   무애요설대변재
或得無量陀羅尼   無礙樂說大辯才

연설심심미묘게   유희조욕법청거
演說甚深微妙偈   遊戲澡浴法淸渠

혹약비등현신족   출몰수화신자유
或躍飛騰現神足   出沒水火身自由

여시법륜상여시   청정무변난사의
如是法輪相如是   淸淨無邊難思議

아등함부공계수   귀의법륜전이시
我等咸復共稽首   歸依法輪轉以時

계수귀의범음성   계수귀의연제도
稽首歸依梵音聲   稽首歸依緣諦度

15 세존왕석무량겁 　근고수습중덕행
世尊往昔無量劫 　懃苦修習衆德行

위아인천룡신왕 　보급일체제중생
為我人天龍神王 　普及一切諸衆生

능사일체제난사 　재보처자급국성
能捨一切諸難捨 　財寶妻子及國城

어법내외무소린 　두목수뇌실시인
於法內外無所恡 　頭目髓腦悉施人

봉지제불청정계 　내지실명불훼상
奉持諸佛淸淨戒 　乃至失命不毀傷

약인도장래가해 　악구매욕종부진
若人刀杖來加害 　惡口罵辱終不瞋

역겁좌신불권타 　주야섭심상재선
歷劫挫身不倦惰 　晝夜攝心常在禪

변학일체중도법 　지혜심입중생근
遍學一切衆道法 　智慧深入衆生根

시고금득자재력 　어법자재위법왕
是故今得自在力 　於法自在為法王

아부함공구계수 　귀의능근제난근
我復咸共俱稽首 　歸依能懃諸難懃

무량의경 설법품 제이

無量義經 說法品 第二

16 이시대장엄보살마하살 여팔만보살마하
爾 時 大 莊 嚴 菩 薩 摩 訶 薩 　與 八 萬 菩 薩 摩 訶

살 설시게찬불이구백불언
薩 　說 是 偈 讚 佛 已 俱 白 佛 言

세존 아등팔만보살지중 금자욕어 여래법
世 尊 　我 等 八 萬 菩 薩 之 衆 　今 者 欲 於 　如 來 法

중 유소자문 불심세존 수민청부
中 　有 所 諮 問 　不 審 世 尊 　垂 愍 聽 不

17 불고대장엄보살 급팔만보살언 선재선재
佛 告 大 莊 嚴 菩 薩 　及 八 萬 菩 薩 言 　善 哉 善 哉

선남자 선지시시 자여소문 여래불구 당
善 男 子 　善 知 是 時 　恣 汝 所 問 　如 來 不 久 　當

반열반 열반지후 보령일체 무부여의 욕
般 涅 槃 　涅 槃 之 後 　普 令 一 切 　無 復 餘 疑 　欲

하소문 변가설야
何 所 問 　便 可 說 也

18 어시대장엄보살 여팔만보살 즉공동성백
於 是 大 莊 嚴 菩 薩 　與 八 萬 菩 薩 　即 共 同 聲 白

불언 세존 보살마하살 욕득질성 아뇩다
佛言 世尊 菩薩摩訶薩 欲得疾成 阿耨多

라삼먁삼보리 응당수행 하등법문 하등법
羅三藐三菩提 應當修行 何等法門 何等法

문 능령보살마하살 질성아뇩다라삼먁삼
門 能令菩薩摩訶薩 疾成阿耨多羅三藐三

보리
菩提

19 불고대장엄보살 급팔만보살언 선남자 유
佛告大莊嚴菩薩 及八萬菩薩言 善男子 有

일법문 능령보살 질득아뇩다라삼먁삼보
一法門 能令菩薩 疾得阿耨多羅三藐三菩

리 약유보살 학시법문자 즉능질득아뇩다
提 若有菩薩 學是法門者 則能疾得阿耨多

라삼먁삼보리
羅三藐三菩提

세존 시법문자 호자하등 기의운하 보살
世尊 是法門者 號字何等 其義云何 菩薩

운하수행
云何修行

불언 선남자 시일법문 명위무량의 보살
佛言 善男子 是一法門 名爲無量義 菩薩

욕득수학 무량의자 응당관찰 일체제법
欲得修學 無量義者 應當觀察 一切諸法

자본래금 성상공적 무대무소 무생무멸
自本來今 性相空寂 無大無小 無生無滅

비주비동 부진불퇴 유여허공 무유이법
非住非動 不進不退 猶如虛空 無有二法

이제중생 허망횡계 시차시피 시득시실
而諸衆生 虛妄橫計 是此是彼 是得是失

기불선념 조중악업 윤회육취 비제고독
起不善念 造衆惡業 輪迴六趣 備諸苦毒

무량억겁 불능자출 보살마하살 여시체
無量億劫 不能自出 菩薩摩訶薩 如是諦

관 생연민심 발대자비 장욕구발 우부심
觀 生憐愍心 發大慈悲 將欲救拔 又復深

입 일체제법 법상여시 생여시법 법상여
入 一切諸法 法相如是 生如是法 法相如

시 주여시법 법상여시 이여시법 법상여
是 住如是法 法相如是 異如是法 法相如

시 멸여시법 법상여시 능생악법 법상여
是 滅如是法 法相如是 能生惡法 法相如

시 능생선법 주이멸자 역부여시 보살여
是 能 生 善 法　住 異 滅 者　亦 復 如 是　菩 薩 如

시 관찰 사상시말 실변지이 차부체관 일
是 觀 察　四 相 始 末　悉 遍 知 已　次 復 諦 觀　一

체제법 염념부주 신신생멸 부관즉시 생
切 諸 法　念 念 不 住　新 新 生 滅　復 觀 即 時　生

주이멸
住 異 滅

21 여시관이 이입중생 제근성욕 성욕무량고
如 是 觀 已　而 入 衆 生　諸 根 性 欲　性 欲 無 量 故

설법무량 설법무량고 의역무량 무량의자
說 法 無 量　說 法 無 量 故　義 亦 無 量　無 量 義 者

종일법생 기일법자 즉무상야 여시무상
從 一 法 生　其 一 法 者　即 無 相 也　如 是 無 相

무상불상 불상무상 명위실상 보살마하
無 相 不 相　不 相 無 相　名 爲 實 相　菩 薩 摩 訶

살 안주여시 진실상이 소발자비 명체불
薩　安 住 如 是　眞 實 相 已　所 發 慈 悲　明 諦 不

허 어중생소 진능발고 고기발이 부위설
虛　於 衆 生 所　眞 能 拔 苦　苦 既 拔 已　復 爲 說

법 영제중생 수어쾌락 선남자 보살약능
法 令諸衆生 受於快樂 善男子 菩薩若能

여시수일법문 무량의자 필득질성 아뇩다
如是修一法門 無量義者 必得疾成 阿耨多

라삼먁삼보리 선남자 여시심심 무상대승
羅三藐三菩提 善男子 如是甚深 無上大乘

무량의경 문리진정 존무과상 삼세제불
無量義經 文理眞正 尊無過上 三世諸佛

소공수호 무유중마 군도득입 불위일체
所共守護 無有衆魔 群道得入 不爲一切

사견생사 지소괴패 시고선남자 보살마하
邪見生死 之所壞敗 是故善男子 菩薩摩訶

살 약욕질성 무상보리 응당수학 여시심
薩 若欲疾成 無上菩提 應當修學 如是甚

심 무상대승 무량의경
深 無上大乘 無量義經

22 이시대장엄보살 부백불언 세존 세존설법
爾時大莊嚴菩薩 復白佛言 世尊 世尊說法

불가사의 중생근성 역불가사의 법문해탈
不可思議 衆生根性 亦不可思議 法門解脫

역불가사의 아등어불 소설제법 무부의혹
亦不可思議 我等於佛 所說諸法 無復疑惑

이제중생 생미혹심고 중자문세존 자종여
而諸衆生 生迷惑心故 重諮問世尊 自從如

래 득도이래 사십여년 상위중생 연설제
來 得道已來 四十餘年 常為衆生 演說諸

법 사상지의 고의공의 무상무아 무대무
法 四相之義 苦義空義 無常無我 無大無

소 무생무멸 일상무상 법성법상 본래공
小 無生無滅 一相無相 法性法相 本來空

적 불래불거 불출불몰 약유문자 혹득난
寂 不來不去 不出不沒 若有聞者 或得煖

법정법 세제일법 수다원과 사다함과 아
法頂法 世第一法 須陀洹果 斯陀含果 阿

나함과 아라한과 벽지불도 발보리심 등
那含果 阿羅漢果 辟支佛道 發菩提心 登

제일지 제이제삼 지제십지 왕일소설 제
第一地 第二第三 至第十地 往日所說 諸

법지의 여금소설 유하등이 이언심심 무
法之義 與今所說 有何等異 而言甚深 無

상대승 무량의경 보살수행 필득질성 무
上大乘 無量義經 菩薩修行 必得疾成 無

상보리 시사운하 유원세존 자애일체 광
上菩提 是事云何 唯願世尊 慈哀一切 廣

위중생 이분별지 보령현재 급미래세 유
爲衆生 而分別之 普令現在 及未來世 有

문법자 무여의망
聞法者 無餘疑網

23 어시불고 대장엄보살 선재선재 대선남
於是佛告 大莊嚴菩薩 善哉善哉 大善男

자 능문여래 여시심심 무상대승 미묘지
子 能問如來 如是甚深 無上大乘 微妙之

의 당지여능 다소이익 안락인천 발고중
義 當知汝能 多所利益 安樂人天 拔苦衆

생 진대자비 신실불허 이시인연 필득질
生 眞大慈悲 信實不虛 以是因緣 必得疾

성 무상보리 역령일체 금세내세 제유중
成 無上菩提 亦令一切 今世來世 諸有衆

생 득성무상보리
生 得成無上菩提

24 선남자 자아도량 보리수하 단좌육년 득
善男子 自我道場 菩提樹下 端坐六年 得

성아눅다라삼먁삼보리 이불안관 일체제
成阿耨多羅三藐三菩提 以佛眼觀 一切諸

법 불가선설 소이자하 이제중생 성욕부
法 不可宣說 所以者何 以諸衆生 性欲不

동 성욕부동 종종설법 종종설법 이방편
同 性欲不同 種種說法 種種說法 以方便

력 사십여년 미현진실 시고중생 득도차
力 四十餘年 未顯眞實 是故衆生 得道差

별 부득질성 무상보리
別 不得疾成 無上菩提

25 선남자 법비여수 능세구예 약정약지 약
善男子 法譬如水 能洗垢穢 若井若池 若

강약하 계거대해 개실능세 제유구예 기
江若河 溪渠大海 皆悉能洗 諸有垢穢 其

법수자 역부여시 능세중생 제번뇌구 선
法水者 亦復如是 能洗衆生 諸煩惱垢 善

남자 수성시일 강하정지 계거대해 각각
男子 水性是一 江河井池 溪渠大海 各各

별이 기법성자 역부여시 세제진로 등무
別異 其法性者 亦復如是 洗除塵勞 等無

차별 삼법사과 이도불일 선남자 수수구
差別 三法四果 二道不一 善男子 水雖俱

세 이정비지 지비강하 계거비해 이여래
洗 而井非池 池非江河 溪渠非海 而如來

세웅 어법자재 소설제법 역부여시 초중
世雄 於法自在 所說諸法 亦復如是 初中

후설 개능세제 중생번뇌 이초비중 이중
後說 皆能洗除 衆生煩惱 而初非中 而中

비후 초중후설 문사수일 이의각이 선남
非後 初中後說 文辭雖一 而義各異 善男

자 아기수왕 예바라나 녹야원중 위아야
子 我起樹王 詣波羅奈 鹿野園中 爲阿若

구린등오인 전사제법륜시 역설제법 본래
拘鄰等五人 轉四諦法輪時 亦說諸法 本來

공적 대사부주 염념생멸 중간어차 급이
空寂 代謝不住 念念生滅 中間於此 及以

처처 위제비구 병중보살 변연선설 십이
處處 爲諸比丘 并衆菩薩 辯演宣說 十二

인연 육바라밀 역설제법 본래공적 대사
因緣 六波羅蜜 亦說諸法 本來空寂 代謝

부주 염념생멸 금부어차 연설대승 무량
不住 念念生滅 今復於此 演說大乘 無量

의경 역설제법 본래공적 대사부주 염념
義經 亦說諸法 本來空寂 代謝不住 念念

생멸
生滅

26 선남자 시고초설 중설후설 문사시일 이
善男子 是故初說 中說後說 文辭是一 而

의별이 의이고 중생해이 해이고 득법득
義別異 義異故 衆生解異 解異故 得法得

과 득도역이 선남자 초설사제 위구성문
果 得道亦異 善男子 初說四諦 爲求聲聞

인 이팔억제 천래하청법 발보리심 중어
人 而八億諸 天來下聽法 發菩提心 中於

처처 연설심심 십이인연 위구벽지불인
處處 演說甚深 十二因緣 爲求辟支佛人

이무량중생 발보리심 혹주성문 차설방등
而無量衆生 發菩提心 或住聲聞 次說方等

십이부경 마하반야 화엄해운 연설보살
十二部經 摩訶般若 華嚴海雲 演說菩薩

역겁수행 이백천비구 만억인천 무량중생
歷劫修行 而百千比丘 萬億人天 無量衆生

득수다원 사다함 아나함 아라한과 주벽
得須陀洹 斯陀含 阿那含 阿羅漢果 住辟

지불 인연법중 선남자 이시의고 고지설
支佛 因緣法中 善男子 以是義故 故知說

동 이의별이 의이고 중생해이 해이고 득
同 而義別異 義異故 衆生解異 解異故 得

법득과 득도역이 시고선남자 자아득도
法得果 得道亦異 是故善男子 自我得道

초기설법 지우금일 연설대승 무량의경
初起說法 至于今日 演說大乘 無量義經

미증불설 고공 무상무아 비진비가 비대
未曾不說 苦空 無常無我 非眞非假 非大

비소 본래불생 금역불멸 일상무상 법상
非小 本來不生 今亦不滅 一相無相 法相

법성 불래불거 이중생사상소천
法性 不來不去 而衆生四相所遷

27 선남자 이시의고 제불무유이언 능이일음
善男子 以是義故 諸佛無有二言 能以一音

보응중성 능이일신 시백천만억나유타 무
普應衆聲 能以一身 示百千萬億那由他 無

량무수 항하사신 일일신중 우시약간 백
量無數 恒河沙身 一一身中 又示若干 百

천만억나유타 아승기 항하사 종종유형
千萬億那由他 阿僧祇 恒河沙 種種類形

일일형중 우시약간 백천만억 나유타 아
一一形中 又示若干 百千萬億 那由他 阿

승기 항하사형 선남자 시즉제불 불가사
僧祇 恒河沙形 善男子 是則諸佛 不可思

의 심심경계 비이승소지 역비십주 보살
議 甚深境界 非二乘所知 亦非十住 菩薩

소급 유불여불 내능구료 선남자 시고아
所及 唯佛與佛 乃能究了 善男子 是故我

설 미묘심심 무상대승 무량의경 문리진
說 微妙甚深 無上大乘 無量義經 文理眞

정 존무과상 삼세제불 소공수호 무유중
正 尊無過上 三世諸佛 所共守護 無有衆

마 외도득입 불위일체 사견생사 지소괴
魔 外道得入 不爲一切 邪見生死 之所壞

패 보살마하살 약욕질성 무상보리 응당
敗 菩薩摩訶薩 若欲疾成 無上菩提 應當

수학 여시심심 무상대승 무량의경
修學 如是甚深 無上大乘 無量義經

28 불설시이 어시삼천대천세계 육종진동 자
佛說是已 於是三千大千世界 六種震動 自

연공중 우종종화 천우발라화 발담마화
然空中 雨種種華 天憂鉢羅華 鉢曇摩華

구물두화 분타리화 우우무수 종종천향
拘物頭華 分陀利華 又雨無數 種種天香

천의 천영락 천무가보 어상공중 선전래
天衣 天瓔珞 天無價寶 於上空中 旋轉來

하 공양어불 급제보살 성문대중 천주 천
下 供養於佛 及諸菩薩 聲聞大衆 天廚 天

발기 천백미 충만영일 천당천번 천헌개
鉢器 天百味 充滿盈溢 天幢天幡 天幰蓋

천묘악구 처처안치 작천기악 가탄어불
天妙樂具 處處安置 作天伎樂 歌歎於佛

우부육종진동 동방항하사등 제불세계 역
又復六種震動 東方恒河沙等 諸佛世界 亦

우 천화 천향 천의 천영락 천무가보 천주
雨 天華 天香 天衣 天瓔珞 天無價寶 天廚

천발기 천백미 천당천번 천헌개 천묘악
天鉢器 天百味 天幢天幡 天幰蓋 天妙樂

구 작천기악 가탄피불 급피보살 성문대
具 作天伎樂 歌歎彼佛 及彼菩薩 聲聞大

중 남서북방 사유상하 역부여시
衆 南西北方 四維上下 亦復如是

29 어시중중 삼만이천 보살마하살 득무량의
於是衆中 三萬二千 菩薩摩訶薩 得無量義

삼매 삼만사천 보살마하살 득무수무량
三昧 三萬四千 菩薩摩訶薩 得無數無量

다라니문 능전일체 삼세제불 불퇴법륜
陀羅尼門 能轉一切 三世諸佛 不退法輪

기제비구 비구니 우바새 우바이 천 룡 야
其諸比丘 比丘尼 優婆塞 優婆夷 天 龍 夜

차 건달바 아수라 가루라 긴나라 마후라
又 乾闥婆 阿修羅 迦樓羅 緊那羅 摩睺羅

가 대전륜왕 소전륜왕 은륜철륜 제전륜
伽 大轉輪王 小轉輪王 銀輪鐵輪 諸轉輪

왕 국왕왕자 국신국민 국사국녀 국대장
王 國王王子 國臣國民 國士國女 國大長

자 급제권속 백천중구 문불여래 설시경
者 及 諸 眷 屬 百 千 衆 俱 聞 佛 如 來 說 是 經

시 혹득난법 정법 세간제일법 수다원과
時 或 得 煖 法 頂 法 世 間 第 一 法 須 陀 洹 果

사다함과 아나함과 아라한과 벽지불과
斯 陀 含 果 阿 那 含 果 阿 羅 漢 果 辟 支 佛 果

우득보살 무생법인 우득일다라니 우득이
又 得 菩 薩 無 生 法 忍 又 得 一 陀 羅 尼 又 得 二

다라니 우득삼다라니 우득사다라니 오륙
陀 羅 尼 又 得 三 陀 羅 尼 又 得 四 陀 羅 尼 五 六

칠팔 구십다라니 우득백천만억다라니 우
七 八 九 十 陀 羅 尼 又 得 百 千 萬 億 陀 羅 尼 又

득무량무수항하사 아승기 다라니 개능수
得 無 量 無 數 恒 河 沙 阿 僧 祇 陀 羅 尼 皆 能 隨

순 전불퇴전법륜 무량중생 발아뇩다라삼
順 轉 不 退 轉 法 輪 無 量 衆 生 發 阿 耨 多 羅 三

먁삼보리심
藐 三 菩 提 心

무량의경 십공덕품 제삼
無量義經 十功德品 第三

이시대장엄보살마하살 부백불언 세존 세
爾時大莊嚴菩薩摩訶薩 復白佛言 世尊 世

존설시 미묘심심 무상대승 무량의경 진
尊說是 微妙甚深 無上大乘 無量義經 眞

실심심 심심심심 소이자하 어차중중 제
實甚深 甚深甚深 所以者何 於此衆中 諸

보살마하살 급제사중 천룡귀신 국왕신
菩薩摩訶薩 及諸四衆 天龍鬼神 國王臣

민 제유중생 문시심심 무상대승 무량의
民 諸有衆生 聞是甚深 無上大乘 無量義

경 무불획득 다라니문 삼법사과 보리지
經 無不獲得 陀羅尼門 三法四果 菩提之

심 당지차법 문리진정 존무과상 삼세제
心 當知此法 文理眞正 尊無過上 三世諸

불 지소수호 무유중마 군도득입 불위일
佛 之所守護 無有衆魔 群道得入 不爲一

체 사견생사 지소괴패 소이자하 일문능
切 邪見生死 之所壞敗 所以者何 一聞能

지 일체법고 약유중생 득문시경 즉위대
持 一切法故 若有衆生 得聞是經 則爲大

리 소이자하 약능수행 필득질성 아뇩다
利 所以者何 若能修行 必得疾成 阿耨多

라삼먁삼보리 기유중생 부득문자 당지시
羅三藐三菩提 其有衆生 不得聞者 當知是

등 위실대리 과무량무변 불가사의 아승
等 爲失大利 過無量無邊 不可思議 阿僧

기겁 종부득성 아뇩다라삼먁삼보리 소이
祇劫 終不得成 阿耨多羅三藐三菩提 所以

자하 부지보리 대도직고 행어험경 다유
者何 不知菩提 大道直故 行於險徑 多留

난고 세존 시경전자 불가사의 유원세존
難故 世尊 是經典者 不可思議 唯願世尊

광위대중 자애부연 시경심심 부사의사
廣爲大衆 慈哀敷演 是經甚深 不思議事

세존 시경전자 종하소래 거하소지 주하
世尊 是經典者 從何所來 去何所至 住何

소주 내유여시 무량공덕 부사의력 영중
所住 乃有如是 無量功德 不思議力 令衆

질성 아뇩다라삼먁삼보리
疾成 阿耨多羅三藐三菩提

31 이시세존 고대장엄보살마하살언 선재선
爾時世尊 告大莊嚴菩薩摩訶薩言 善哉善

재 선남자 여시여시 여여소언 선남자 아
哉 善男子 如是如是 如汝所言 善男子 我

설시경 심심심심 진실심심 소이자하 영
說是經 甚深甚深 眞實甚深 所以者何 令

중질성 아뇩다라삼먁삼보리고 일문능지
衆疾成 阿耨多羅三藐三菩提故 一聞能持

일체법고 어제중생 대이익고 행대직도
一切法故 於諸衆生 大利益故 行大直道

무유난고 선남자 여문시경 종하소래 거
無留難故 善男子 汝問是經 從何所來 去

하소지 주하소주자 당선체청
何所至 住何所住者 當善諦聽

32 선남자 시경본종 제불궁택중래 거지일체
善男子 是經本從 諸佛宮宅中來 去至一切

중생 발보리심 주제보살 소행지처 선남
衆生 發菩提心 住諸菩薩 所行之處 善男

자 시경여시래 여시거 여시주 시고차경
子 是經如是來 如是去 如是住 是故此經

능유여시 무량공덕 부사의력 영중질성
能有如是 無量功德 不思議力 令衆疾成

아뇩다라삼먁삼보리
阿耨多羅三藐三菩提

선남자 여영욕문 시경부유 십부사의 공
善男子 汝寧欲聞 是經復有 十不思議 功

덕력부
德力不

대장엄보살언 원락욕문
大莊嚴菩薩言 願樂欲聞

33 **불언선남자 제일시경 능령보살 미발심**
佛言善男子 第一是經 能令菩薩 未發心

자 발보리심 무자인자 기어자심 호살륙
者 發菩提心 無慈仁者 起於慈心 好殺戮

자 기대비심 생질투자 기수희심 유애착
者 起大悲心 生嫉妒者 起隨喜心 有愛著

자 기능사심 제간탐자 기보시심 다교만
者 起能捨心 諸慳貪者 起布施心 多憍慢

자 기지계심 진에성자 기인욕심 생해태
者 起持戒心 瞋恚盛者 起忍辱心 生懈怠

자 기정진심 제산란자 기선정심 어우치
者 起精進心 諸散亂者 起禪定心 於愚癡

자 기지혜심 미능도피자 기도피심 행십
者 起智慧心 未能度彼者 起度彼心 行十

악자 기십선심 낙유위자 지무위심 유퇴
惡者 起十善心 樂有爲者 志無爲心 有退

심자 작불퇴심 위유루자 기무루심 다번
心者 作不退心 爲有漏者 起無漏心 多煩

뇌자 기제멸심 선남자 시명시경 제일공
惱者 起除滅心 善男子 是名是經 第一功

덕 부사의력
德 不思議力

선남자 제이시경 불가사의 공덕력자 약
善男子 第二是經 不可思議 功德力者 若

유중생 득시경자 약일전 약일게 내지일
有衆生 得是經者 若一轉 若一偈 乃至一

구 즉능통달 백천억의 무량수겁 불능연
句 則能通達 百千億義 無量數劫 不能演

설 소수지법 소이자하 이기시법 의무량
說 所受持法 所以者何 以其是法 義無量

고 선남자 시경비여 종일종자 생백천
故 善男子 是經譬如 從一種子 生百千

만 백천만중 일일부생 백천만수 여시전
萬 百千萬中 一一復生 百千萬數 如是展

전 내지무량 시경전자 역부여시 종어일
轉 乃至無量 是經典者 亦復如是 從於一

법 생백천의 백천의중 일일부생 백천만
法 生百千義 百千義中 一一復生 百千萬

수 여시전전 내지무량 무변지의 시고차
數 如是展轉 乃至無量 無邊之義 是故此

경 명무량의 선남자 시명시경 제이공덕
經 名無量義 善男子 是名是經 第二功德

부사의력
不思議力

35 선남자 제삼시경 불가사의 공덕력자 약
善男子 第三是經 不可思議 功德力者 若

유중생 득문시경 약일전 약일게 내지일
有衆生 得聞是經 若一轉 若一偈 乃至一

구 통달백천만억의이 수유번뇌 여무번
句 通達百千萬億義已 雖有煩惱 如無煩

뇌 출생입사 무포외상 어제중생 생연민
惱 出生入死 無怖畏想 於諸衆生 生憐愍

심 어일체법 득용건상 여장력사 능담능
心 於一切法 得勇健想 如壯力士 能擔能

지 제유중자 시지경인 역부여시 능하무
持 諸有重者 是持經人 亦復如是 能荷無

상 보리중보 담부중생 출생사도 미능자
上 菩提重寶 擔負眾生 出生死道 未能自

도 이능도피 유여선사 신영중병 사체불
度 已能度彼 猶如船師 身嬰重病 四體不

어 안지차안 유호견뢰선주 상판제도 피
御 安止此岸 有好堅牢船舟 常辦諸度 彼

자지구 급여이거 시지경자 역부여시 수
者之具 給與而去 是持經者 亦復如是 雖

영오도 제유지신 백팔중병 상항상전 안
嬰五道 諸有之身 百八重病 常恒相纏 安

지무명 노사차안 이유견뢰 차대승경 무
止無明 老死此岸 而有堅牢 此大乘經 無

량의판 능도중생 능여설행자 득도생사
量義辦 能度眾生 能如說行者 得度生死

선남자 시명시경 제삼공덕 부사의력
善男子 是名是經 第三功德 不思議力

선남자 제사시경 불가사의 공덕력자 약
善男子 第四是經 不可思議 功德力者 若

유중생 득문시경 약일전 약일게 내지일
有衆生 得聞是經 若一轉 若一偈 乃至一

구 득용건상 수미자도 이능도타 여제보
句 得勇健想 雖未自度 而能度他 與諸菩

살 이위권속 제불여래 상향시인 이연설
薩 以爲眷屬 諸佛如來 常向是人 而演說

법 시인문이 실능수지 수순불역 전부위
法 是人聞已 悉能受持 隨順不逆 轉復爲

인 수의광설 선남자 시인비여 국왕부인
人 隨宜廣說 善男子 是人譬如 國王夫人

신생왕자 약일일 약이일 약지칠일 약일
新生王子 若一日 若二日 若至七日 若一

월 약이월 약지칠월 약일세 약이세 약지
月 若二月 若至七月 若一歲 若二歲 若至

칠세 수부불능 영리국사 이위신민 지소
七歲 雖復不能 領理國事 己爲臣民 之所

종경 제대왕자 이위반려 왕급부인 애심
宗敬 諸大王子 以爲伴侶 王及夫人 愛心

편중 상여공어 소이자하 이치소고 선남
偏重 常與共語 所以者何 以稚小故 善男

자 시지경자 역부여시 제불국왕 시경부
子 是持經者 亦復如是 諸佛國王 是經夫

인 화합공생 시보살자 약시보살 득문시
人 和合共生 是菩薩子 若是菩薩 得聞是

경 약일구 약일게 약일전 약이전 약십약
經 若一句 若一偈 若一轉 若二轉 若十若

백 약천약만 약억만억 약항하사 무량무
百 若千若萬 若億萬億 若恒河沙 無量無

수전 수부불능 체진리극 수부불능 진동
數轉 雖復不能 體眞理極 雖復不能 震動

삼천대천국토 뇌분범음 전대법륜 이위일
三千大千國土 雷奮梵音 轉大法輪 己爲一

체 사중팔부 지소종앙 제대보살 이위권
切 四衆八部 之所宗仰 諸大菩薩 以爲眷

속 심입제불 비밀지법 소가연설 무위무
屬 深入諸佛 祕密之法 所可演說 無違無

실 상위제불 지소호념 자애편부 이신학
失 常爲諸佛 之所護念 慈愛偏覆 以新學

고 선남자 시명시경 제사공덕 부사의력
故 善男子 是名是經 第四功德 不思議力

37 선남자 제오시경 불가사의 공덕력자 약
善男子 第五是經 不可思議 功德力者 若

선남자 선여인 약불재세 약멸도후 기유
善男子 善女人 若佛在世 若滅度後 其有

수지 독송서사 여시심심 무상대승 무량
受持 讀誦書寫 如是甚深 無上大乘 無量

의경 시인수부 구박번뇌 미능원리 제범
義經 是人雖復 具縛煩惱 未能遠離 諸凡

부사 이능시현 대보리도 연어일일 이위
夫事 而能示現 大菩提道 延於一日 以爲

백겁 백겁역능 촉위일일 영피중생 환희
百劫 百劫亦能 促爲一日 令彼衆生 歡喜

신복 선남자 시선남자 선여인 비여용자
信伏 善男子 是善男子 善女人 譬如龍子

시생칠일 즉능흥운 역능강우 선남자 시
始生七日 即能興雲 亦能降雨 善男子 是

명시경 제오공덕 부사의력
名是經 第五功德 不思議力

38 선남자 제육시경 불가사의 공덕력자 약
善男子 第六是經 不可思議 功德力者 若

선남자 선여인 약불재세 약멸도후 수지
善男子 善女人 若佛在世 若滅度後 受持

독송 시경전자 수구번뇌 이위중생설법
讀誦 是經典者 雖具煩惱 而為衆生 說法

영득원리 번뇌생사 단일체고 중생문이
令得遠離 煩惱生死 斷一切苦 衆生聞已

수행득법 득과득도 여불여래 등무차별
修行得法 得果得道 與佛如來 等無差別

비여왕자 수부치소 약왕유순 급이질병
譬如王子 雖復稚小 若王遊巡 及以疾病

위시왕자 영리국사 왕자시시 의대왕명
委是王子 領理國事 王子是時 依大王命

여법교령 군료백관 선류정화 국토인민
如法教令 群寮百官 宣流正化 國土人民

각수기안 여대왕치 등무유이 지경선남자
各隨其安 如大王治 等無有異 持經善男子

선여인 역부여시 약불재세 약멸도후 시
善女人 亦復如是 若佛在世 若滅度後 是

선남자 수미득주 초부동지 의불여시 용
善男子 雖未得住 初不動地 依佛如是 用

설교법 이부연지 중생문이 일심수행 단
說教法 而敷演之 衆生聞已 一心修行 斷

제번뇌 득법득과 내지득도 선남자 시명
除 煩 惱　得 法 得 果　乃 至 得 道　善 男 子　是 名

시경 제육공덕 부사의력
是 經　第 六 功 德　不 思 議 力

39 선남자 제칠시경 불가사의 공덕력자 약
善 男 子　第 七 是 經　不 可 思 議　功 德 力 者　若

선남자 선여인 어불재세 약멸도후 득문
善 男 子　善 女 人　於 佛 在 世　若 滅 度 後　得 聞

시경 환희신락 생희유심 수지독송 서사
是 經　歡 喜 信 樂　生 希 有 心　受 持 讀 誦　書 寫

해설 여법수행 발보리심 기제선근 흥대
解 說　如 法 修 行　發 菩 提 心　起 諸 善 根　興 大

비의 욕도일체 고뇌중생 수미수행 육바
悲 意　欲 度 一 切　苦 惱 衆 生　雖 未 修 行　六 波

라밀 육바라밀 자연재전 즉어시신 득무
羅 蜜　六 波 羅 蜜　自 然 在 前　即 於 是 身　得 無

생인 생사번뇌 일시단괴 즉승제칠지 여
生 忍　生 死 煩 惱　一 時 斷 壞　即 昇 第 七 地　與

대보살위 비여건인 위왕제원 원기멸이
大 菩 薩 位　譬 如 健 人　爲 王 除 怨　怨 既 滅 已

왕대환희 상사반국지봉 실이여지 지경남
王 大 歡 喜　賞 賜 半 國 之 封　悉 以 與 之　持 經 男

자 여인 역부여시 어제행인 최위용건 육
子　女 人　亦 復 如 是　於 諸 行 人　最 爲 勇 健　六

도법보 불구자지 생사원적 자연산괴 증
度 法 寶　不 求 自 至　生 死 怨 敵　自 然 散 壞　證

무생인 반불국보 봉상안락 선남자 시명
無 生 忍　半 佛 國 寶　封 賞 安 樂　善 男 子　是 名

시경 제칠공덕 부사의력
是 經　第 七 功 德　不 思 議 力

40 선남자 제팔시경 불가사의 공덕력자 약
善 男 子　第 八 是 經　不 可 思 議　功 德 力 者　若

선남자 선여인 어불재세 약멸도후 유인
善 男 子　善 女 人　於 佛 在 世　若 滅 度 後　有 人

능득 시경전자 경신여시불신 영등무이
能 得　是 經 典 者　敬 信 如 視 佛 身　令 等 無 異

애락시경 수지독송 서사정대 여법봉행
愛 樂 是 經　受 持 讀 誦　書 寫 頂 戴　如 法 奉 行

견고계인 겸행단도 심발자비 이차무상
堅 固 戒 忍　兼 行 檀 度　深 發 慈 悲　以 此 無 上

대승무량의경 광위인설 약인선래 도불신
大乘無量義經 廣爲人說 若人先來 都不信

유죄복자 이시경시지 설종종방편 강화영
有罪福者 以是經示之 設種種方便 強化令

신 이경위력고 발기인심 훌연득회 신심
信 以經威力故 發其人心 欻然得迴 信心

기발 용맹정진고 능득시경 위덕세력 득
旣發 勇猛精進故 能得是經 威德勢力 得

도득과 시고선남자 선여인 이몽화공고
道得果 是故善男子 善女人 以蒙化功故

남자 여인 즉어시신 득무생법인 득지상
男子 女人 卽於是身 得無生法忍 得至上

지 여제보살 이위권속 속능성취 중생 정
地 與諸菩薩 以爲眷屬 速能成就 衆生 淨

불국토 불구득성 무상보리 선남자 시명
佛國土 不久得成 無上菩提 善男子 是名

시경 제팔공덕 부사의력
是經 第八功德 不思議力

41 선남자 제구시경 불가사의 공덕력자 약
善男子 第九是經 不可思議 功德力者 若

선남자 선여인 약불재세 급멸도후 유득
善男子 善女人 若佛在世 及滅度後 有得

시경 환희용약 득미증유 수지독송 서사
是經 歡喜踊躍 得未曾有 受持讀誦 書寫

공양 광위중인 분별해설 시경의자 즉득
供養 廣爲衆人 分別解說 是經義者 即得

숙업 여죄중장 일시멸진 변득청정 체득
宿業 餘罪重障 一時滅盡 便得清淨 逮得

대변 차제장엄 제바라밀 획제삼매 수능
大辯 次第莊嚴 諸波羅蜜 獲諸三昧 首楞

엄삼매 입대총지문 득근정진력 속득월상
嚴三昧 入大總持門 得懃精進力 速得越上

지 선능분신 산체변시방국토 발제일체
地 善能分身 散體遍十方國土 拔濟一切

이십오유 극고중생 실령해탈 시고시경
二十五有 極苦衆生 悉令解脫 是故是經

유여차력 선남자 시명시경 제구공덕 부
有如此力 善男子 是名是經 第九功德 不

사의력
思議力

선남자 제십시경 불가사의 공덕력자 약
善男子 第十是經 不可思議 功德力者 若

선남자 선여인 약불재세 급멸도후 약득
善男子 善女人 若佛在世 及滅度後 若得

시경 발대환희 생희유심 즉자수지독송
是經 發大歡喜 生希有心 即自受持讀誦

서사공양 여설수행 부능광권 재가출가인
書寫供養 如說修行 復能廣勸 在家出家人

수지독송 서사공양 해설여법수행 기령여
受持讀誦 書寫供養 解說如法修行 既令餘

인 수행시경력고 득도득과 개유시선남자
人 修行是經力故 得道得果 皆由是善男子

선여인 자심근화력고 시선남자 선여인
善女人 慈心懃化力故 是善男子 善女人

즉어시신 변체무량 제다라니문 어범부지
即於是身 便逮無量 諸陀羅尼門 於凡夫地

자연초시 능발무수 아승기 홍서대원 심
自然初時 能發無數 阿僧祇 弘誓大願 深

능발구 일체중생 성취대비 광능구고 후
能發救 一切衆生 成就大悲 廣能救苦 厚

집선근 요익일체 이연법택 홍윤고후 이
集善根 饒益一切 而演法澤 洪潤枯涸 以

중법약 시제중생 안락일체 점견초등 주
衆 法 藥 施 諸 衆 生 安 樂 一 切 漸 見 超 登 住

법운지 은택보윤 자피무외 섭고중생 영
法 雲 地 恩 澤 普 潤 慈 被 無 外 攝 苦 衆 生 令

입도적 시고차인 불구득성 아뇩다라삼먁
入 道 跡 是 故 此 人 不 久 得 成 阿 耨 多 羅 三 藐

삼보리 선남자 시명시경 제십공덕 부사
三 菩 提 善 男 子 是 名 是 經 第 十 功 德 不 思

의력
議 力

43 선남자 여시무상대승 무량의경 극유대위
善 男 子 如 是 無 上 大 乘 無 量 義 經 極 有 大 威

신지력 존무과상 능령제범부 개성성과
神 之 力 尊 無 過 上 能 令 諸 凡 夫 皆 成 聖 果

영리생사 이득자재 시고시경명 무량의야
永 離 生 死 而 得 自 在 是 故 是 經 名 無 量 義 也

능령일체중생 어범부지 생기제보살 무량
能 令 一 切 衆 生 於 凡 夫 地 生 起 諸 菩 薩 無 量

도아 영공덕수 울무부소증장 시고차경호
道 芽 令 功 德 樹 蔚 茂 扶 疏 增 長 是 故 此 經 號

불가사의 공덕력야
不可思議 功德力也

44 어시대장엄보살마하살 급팔만보살마하
於是大莊嚴菩薩摩訶薩 及八萬菩薩摩訶

살 동성백불언 세존 여불소설 심심미묘
薩 同聲白佛言 世尊 如佛所說 甚深微妙

무상대승 무량의경 문리진정 존무과상
無上大乘 無量義經 文理眞正 尊無過上

삼세제불 소공수호 무유중마 군도득입
三世諸佛 所共守護 無有衆魔 群道得入

불위일체 사견생사 지소괴패 시고차경
不爲一切 邪見生死 之所壞敗 是故此經

내유여시 십종공덕 부사의력야 대요익무
乃有如是 十種功德 不思議力也 大饒益無

량 일체중생 영일체제보살마하살 각득무
量 一切衆生 令一切諸菩薩摩訶薩 各得無

량의삼매 혹득백천다라니문 혹영득보살
量義三昧 或得百千陀羅尼門 或令得菩薩

제지제인 혹득연각나한 사도과증 세존자
諸地諸忍 或得緣覺羅漢 四道果證 世尊慈

민 쾌위아등 설여시법 영아대획법리 심
愍 快爲我 等 說如是法 令我 大 獲法利 甚

위기특 미증유야 세존자은 실난가보
爲奇特 未曾有也 世尊慈恩 實難可報

45 작시어이 이시삼천대천세계 육종진동 어
作是語已 爾時三千大千世界 六種震動 於

상공중 부우종종화 천우발라화 발담마화
上空中 復雨種種華 天憂鉢羅華 鉢曇摩華

구물두화 분타리화 우우무수종종 천향천
拘物頭華 分陀利華 又雨無數種種 天香天

의 천영락 천무가보 어상공중 선전래하
衣 天瓔珞 天無價寶 於上空中 旋轉來下

공양어불 급제보살 성문대중 천주 천발
供養於佛 及諸菩薩 聲聞大衆 天廚 天鉢

기 천백미 충만영일 견색문향 자연포족
器 天百味 充滿盈溢 見色聞香 自然飽足

천당천번 천헌개 천묘악구 처처안치 작
天幢天幡 天幰蓋 天妙樂具 處處安置 作

천기악 가탄어불 우부육종진동 동방항하
天伎樂 歌歎於佛 又復六種震動 東方恒河

사등 제불세계 역우천화 천향천의 천영
沙 等 諸佛世界 亦雨天華 天香天衣 天瓔

락 천무가보 천주 천발기 천백미 견색문
珞 天無價寶 天廚 天鉢器 天百味 見色聞

향 자연포족 천당천번 천헌개 천묘악구
香 自然飽足 天幢天幡 天幰蓋 天妙樂具

작천기악 가탄피불 급제보살 성문대중
作天伎樂 歌歎彼佛 及諸菩薩 聲聞大衆

남서북방 사유상하 역부여시
南西北方 四維上下 亦復如是

46 이시불고 대장엄보살마하살 급팔만보살
爾時佛告 大莊嚴菩薩摩訶薩 及八萬菩薩

마하살언 여등당어차경 응심기경심 여법
摩訶薩言 汝等當於此經 應深起敬心 如法

수행 광화일체 근심유포 상당은근 주야
修行 廣化一切 懃心流布 常當慇懃 晝夜

수호 보령중생 각획법리 여등진시 대자
守護 普令衆生 各獲法利 汝等眞是 大慈

대비 이립신통원력 수호시경 물사의체
大悲 以立神通願力 守護是經 勿使疑滯

어당래세 필령광행염부제 영일체중생 사
於當來世 必令廣行閻浮提 令一切衆生 使

득견문 독송서사공양 이시지고 역질령여
得見聞 讀誦書寫供養 以是之故 亦疾令汝

등 속득아뇩다라삼먁삼보리
等 速得阿耨多羅三藐三菩提

47 시시대장엄보살마하살 여팔만보살마하
是時大莊嚴菩薩摩訶薩 與八萬菩薩摩訶

살 즉종좌기 내예불소 두면예족 요백천
薩 即從坐起 來詣佛所 頭面禮足 遶百千

잡 즉전호궤 구공동성 백불언
匝 即前胡跪 俱共同聲 白佛言

48 세존 아등쾌몽 세존자민 위아등설 시심
世尊 我等快蒙 世尊慈愍 爲我等說 是甚

심미묘 무상대승 무량의경 경수불칙 어
深微妙 無上大乘 無量義經 敬受佛敕 於

여래멸후 당광령유포 시경전자 보령일체
如來滅後 當廣令流布 是經典者 普令一切

수지독송 서사공양 유원세존 물수우려
受持讀誦 書寫供養 唯願世尊 勿垂憂慮

아등당이원력 보령일체중생 사득견문독
我等當以願力 普令一切衆生 使得見聞讀

송 서사공양 득시경법 위신지력
誦 書寫供養 得是經法 威神之力

49 이시불찬언 선재선재 제선남자 여등금
爾時佛讚言 善哉善哉 諸善男子 汝等今

자 진시불자 대자대비 심능발고 구액자
者 眞是佛子 大慈大悲 深能拔苦 救厄者

의 일체중생 지량복전 광위일체 작대량
矣 一切衆生 之良福田 廣爲一切 作大良

도 일체중생 대의지처 일체중생 지대시
導 一切衆生 大依止處 一切衆生 之大施

주 상이법리 광시일체
主 常以法利 廣施一切

이시대회 개대환희 위불작례 수지이거
爾時大會 皆大歡喜 爲佛作禮 受持而去

終